DIE PRAKTISCHE GARTENBIBLIOTHEK

Tierschutz
im eigenen Garten

Adolf Winkler

Tierschutz im eigenen Garten

Lebensräume schaffen
für die bedrohte Natur

Naturbuch Verlag

Der Autor:
Adolf Winkler, von Beruf Dialysepfleger, engagiert sich schon seit Jahren tatkräftig im Naturschutz und gilt außerdem als Igelexperte. In seiner Freizeit arbeitet er als Buch- und Fernsehautor. Von ihm stammen zwei Bücher über Igel- und Tierschutz. Beim Fernsehen der RTL Plus wurden 80 Beiträge von ihm mit dem Titel »Tips für Tiere« gesendet.

Bildnachweis:
Kopp/Sulzberger 50
Pfletschinger/Angermayer 16, 19o, 21, 22, 28o, 53 (2), 55, 80
Reinhard 2, 6/7, 8, 14, 30, 31lo, 34 (2), 35, 40, 70, 74
Sulzberger 2/3, 4/5, 13, 18u, 46, 48/49, 51o, 52, 54/55, 56, 71u, 77, 88
Alle übrigen Fotos stammen vom Autor.
Umschlagfotos: Winkler

Die Deutsche Bibliothek -
CIP-Einheitsaufnahme
Winkler, Adolf:
Tierschutz im eigenen Garten: Lebensräume schaffen für die bedrohte Natur / Adolf Winkler. – Augsburg: Naturbuch-Verl., 1992
ISBN 3-89440-036-6

Naturbuch Verlag
© 1992 Weltbild Verlag GmbH, Augsburg
Alle Rechte vorbehalten
Lektorat: Robert Sulzberger, Lindau
Konzeption und Layout:
Anton Walter, Gundelfingen
Umschlaggestaltung:
Peter Engel, Grünwald
Zeichnungen:
Dieter Boger, Weilburg/Lahn
Vignetten: Helmut Flubacher, Fellbach
Gesamtherstellung: Appl, Wemding
Printed in Germany
ISBN 3-89440-036-6

Zitronenfalter im April

Grausame Frühlingssonne,
Du weckst mich vor der Zeit,
Dem nur in Maienwonne
Die zarte Kost gedeiht!
Ist nicht ein liebes Mädchen hier,
Das auf der Rosenlippe mir
Ein Tröpfchen Honig beut,
So muß ich jämmerlich vergehn
Und wird der Mai mich nimmer sehn
in meinem gelben Kleid.

Eduard Mörike

Vorwort

Zur Zeit bewohnen etwa 5,5 Milliarden Menschen unsere Erde. Die Weltbevölkerung wächst nach Untersuchungen des Population Reference Bureau of Washington alle elf Jahre um fast eine Milliarde Menschen. Dies heißt in der Realität: immer weiterer Verlust von Natur, Pflanzen und Tieren dieser Erde. Dazu kommen neben der Bevölkerungsexplosion die alljährlichen Umweltkatastrophen, an die wir uns alle schon mehr oder weniger gewöhnt haben. Zum Standard gehören die Nachrichten über die Ölvergiftungen unserer Weltmeere. Wir sind dabei, die letzten Großwale dieser Erde unwiederbringlich abzuschlachten. Aber auch unsere heimische Umwelt ist bedroht. Wasservergiftung, Waldsterben – keiner will von diesen Problemen mehr hören. Sogar auf unseren Sport- und Spielplätzen liegt schon dioxinvergiftete Erde. Ein Grund zur Resignation? Ich meine nein! In kaum einem anderen Land wächst die Begeisterung der Menschen für den Schutz und Erhaltung unserer Natur und Umwelt wie in Deutschland. Gerade die Jugend ist es, die mit sehr viel Herz und Verstand diese Probleme erkennt und etwas tut. Eines der letzten großen Abenteuer auf dieser Erde wird es sein, unsere Natur und seine Bewohner zu schützen und zu erhalten. Fangen wir alle in unserem Garten damit an!

Adolf Winkler

Arche Noah Garten

Natur im Wandel

Die letzten einhundert Jahre haben das Bild des Planeten Erde so gewaltig verändert wie kaum eine Zeitepoche zuvor. Bis zu dieser Zeit lebten in unseren Wäldern noch Wölfe und Bären, und der Begriff Naturschutz war noch nicht geboren. Der Mensch stand bis dahin mehr oder weniger im Einklang mit Flora und Fauna. Das rasch folgende Zeitalter der Industrialisierung hat der Menschheit einen bis dahin kaum vorstellbaren Fortschritt und Wohlstand gebracht, aber damit verbunden eine weitgehende Veränderung und Zerstörung von Umwelt und Natur.

Auf den ersten Blick scheint dies der Preis für die moderne Technik und dem damit für uns Menschen verbundenen Wohlergehen zu sein. Unsere Großeltern mußten sich ihren Lebensunterhalt noch in mühsamer, harter Arbeit mit Viehzucht und Ackerbau oder handwerklichen Berufen sichern. Sie führten aus unserem heutigen Blickwinkel ein naturbezogenes Leben, wie wir es schon jetzt nur noch in den Museen nachvollziehen und bewundern können. Weitgehende Eingriffe in die Umwelt waren nicht vonnöten. Bäche, Flüsse und Seen waren klar und sauber, so daß sie ohne Gefahr für die Gesundheit als Trinkwasser genutzt werden konnten.

Dieses Bild hat sich gewaltig verändert. Technik und Fortschritt sind die erklärten Ziele und damit zwangsläufig verbunden eine immer weiter fortschreitende Zerstörung unserer Natur. Wo gestern noch Wald und Wiesen waren, sind heute Wohngebiete, Autobahnen und Flughäfen. Wo vor einhundert Jahren noch Kutschen und Pferdestraßenbahnen die Menschen umweltfreundlich transportierten, sind es heute Abgase von weltweit über 520 Millionen Kraftfahrzeugen sowie Industrie-, Stromerzeugungs- und Müllverbrennungsanlagen, die unsere Atemluft vergiften, unsere Wälder und die Erdatmosphäre bedrohen. Der jährliche Ausstoß von CO_2 und anderen Abgasen beträgt über zwei Milliarden Tonnen; er wächst stetig an und trägt damit zur Zerstörung des Weltklimas bei. Wissenschaftler sagen eine Erwärmung der Erdatmosphäre voraus, und damit verbunden ein Aufwärmen der Ozeane. Überschwem-

Das Gift E 605 ist trotz Verkaufsverbots auch heute noch vielfach in Gebrauch.

mungen, Trockenheit und Dürre werden die Folgen sein. Daß dies keine Schwarzmalerei ist, sehen wir an den Umweltkatastrophen der letzten Jahre.

Aber auch die bisher praktizierte Erzeugung unserer Nahrungsmittel ist nicht ohne Probleme. Wir haben eine Landwirtschaft, die uns in Europa im Übermaß ernährt, aber die uns auch gefährdet. Mit ihren radikalen Eingriffen in die Natur hat sie das Landschaftsbild vollkommen verändert. Unzählige Blumen und Sträucher sind dem massiven Gifteinsatz in der Landwirtschaft und im Weinbau zum Opfer gefallen. Die unselige Flurbereinigung hat ihr übriges dazu getan. Auf den Feldern ausgebrachte Gülle aus Masttierhaltung sowie Kunstdünger vergiften immer mehr unser Wasser. Schon heute gibt es in Deutschland kaum noch eine Gemeinde, deren Trinkwasser nicht mit hohen Nitratwerten belastet ist.

Schwermetalle wie Blei, Zink, Cadmium sowie Quecksilber aus Industriebetrieben belasten die Flüsse und Meere dieser Erde und bedrohen alles Leben. Denken wir an die krebsverseuchten Fische und das Robbensterben in der Nordsee oder aber die Cholera-Epidemie in Südamerika. Um der Menschheit ein Überleben auf dieser Welt zu sichern, ist eine Rückbesinnung auf unsere Natur erforderlich. Natur, das sind Flora und Fauna unserer Heimat, also Pflanzen und Tiere. Wenn wir Menschen weiter die Ordnung dieser Schöpfung zerstören, werden wir uns selber vernichten.

Landwirtschaft am Scheideweg

Wir wissen heute, daß unsere praktizierte Landwirtschaft mit ein Grundübel der Natur- und Umweltzer-

störung ist. Es wäre aber falsch, die Landwirte alleine dafür verantwortlich zu machen.

Die heutigen Produktionsverfahren, mit denen die Landwirte ihre Lebensexistenz sichern wollen, sollten uns nachdenklich werden lassen, wo wir Menschen mit unserer Ethik stehen. Die Käfighaltung von Hühnern hat wohl mit darin ihre Ursachen, daß wir Verbraucher unsere Eier im Supermarkt für zehn Pfennige kaufen wollen. Qualvolle Masttierhaltungen geschehen nur, weil wir das Fleisch dieser geschunde-

Mohnblumen im Weizenfeld deuten auf einen gesunden Landbau ohne Herbiziden hin.

nen Tiere kaufen. Kunstdünger wird tonnenweise auf den Feldern ausgebracht, weil billig und viel produziert werden muß: Produkte, die wir in diesen Mengen gar nicht brauchen, und die dann für viele Milliarden Mark wieder gelagert oder vernichtet werden. Der Landwirt kann seine Lebensexistenz nur über die Produktionsmenge sichern, nicht aber über die Qualität seiner Erzeugnisse. Wer für den Erhalt unserer Natur ist, wer sich nicht an Tierquälerei beteiligen will, der muß auch bereit sein, einen gerechten Preis für landwirtschaftliche Produkte zu zahlen. Viele unserer Landwirte stellen heute ihre Produktionsverfahren auf eine biologische und artgerechte Grundlage um. Unterstützen Sie mit dem Kauf dieser Agrarprodukte unsere

Bauern! Es ist ein Ausweg aus dem Leid und Elend unserer Tiere, ein Ausweg aus dem Sterben unserer Natur.

Seit einigen Jahren merken wir als Verbraucher, daß sich die Nahrungsmittelindustrie bemüht, mit dem Trend der Zeit zu gehen. Immer mehr Nahrungsprodukte »aus kontrolliertem Anbau« finden wir in den Geschäften. Vorteile dieser Anbaumethode sind, daß zum Beispiel keine Pflanzenbehandlungsmittel mehr vorbeugend eingesetzt werden dürfen oder das Düngen mit schwermetallbelastetem Klärschlamm verboten ist. Aber im Grunde besagt dies allein auch nichts anderes, als daß der Landwirt bei der Erzeugung seiner Produkte nach wie vor zu chemischen Düngemitteln und Giften greift.

Naturschützer bauen einen Krötenzaun –
Schutz vor dem sicheren Straßentod.

Daß es auch ganz anders geht, belegen die Erfahrungen von Bio-Landwirten. Im Rahmen einer über zehn Jahre dauernden Versuchsstudie der Landwirtschaftskammer Rheinland in Auweiler bei Köln wurden nach streng biologisch-dynamischen Methoden Gemüse und Obst angebaut und auf Schädlingsresistenz und Wachstumsverhalten getestet – mit Erfolg.
Es zeigte sich, daß man auch ohne Kunstdünger und Gifte eine gute Ernte erhalten kann. Leider ist die Belastung von Luft und Regen mit Schadstoffen so groß, daß der Wunsch nach völlig unbelasteten Nahrungsmitteln bei uns im Moment noch ein Traum bleiben muß. Wer aber die Landwirte, die biologisch Landbau betreiben, unterstützen will, der achte beim Einkauf auf folgende Marken: Bioland, Naturland, Demeter, Bioring Ostbayern, ANOG, Ökoland, Ecovin. Sie garantieren für einen giftfreien Anbau.

Naturschutz

Schon 1939 schrieb der große Naturfreund Ludwig Zukowsky: »Nicht Mitleid und Barmherzigkeit, nicht nur Gerechtigkeit schulden wir den Tieren (Natur), sondern auch Liebe. Ihr Schicksal ist unser Schicksal!« Schon zu dieser Zeitepoche wurde die Zerstörung unserer Umwelt sichtbar und zum Schutz der Natur aufgerufen. Daß in der heutigen Zeit die zum Teil damals schon bestehenden Gesetze zielstrebig angewendet werden, ist vor allem engagierten Naturschützern und deren immer zahlreicher werdenden Verbänden zu verdanken. Die besten Gesetze nützen nichts – dies hat sich gezeigt – wenn nicht mündige Bürger dafür sorgen, daß sie angewendet werden. So kann es geschehen, daß unter den Augen und teilweise mit Wissen der Naturschutzbehörden Wohnquartiere artgeschützter Tiere wie Schwalben oder vom Aussterben bedrohter Fledermäuse zerstört wurden. Daß Feuchtgebiete von Kröten und Lurchen trockengelegt werden. Naturschutz kann nur durchgeführt werden, wenn immer mehr Menschen

sich zu ihrem Anliegen machen, solche Zerstörungen zu unterbinden. In den letzten Jahren sind in Deutschland Naturparks und Wildgehege entstanden, deren Existenzgrundlagen noch vor kurzer Zeit fraglich gewesen wäre – überdachte Gärten für Schmetterlinge, Vogelparks für Störche sowie geschützte Wasserflächen für Fischottern. Teilweise werden hier unsere einheimischen Wildtiere gezeigt, die in der freien Natur alleine nicht mehr bestehen könnten. Natur als Exotik für den Sonntagsausflug. So notwendig diese Einrichtungen auch erscheinen mögen, kann dies aber kein endgültiger Weg sein, Natur zu erhalten und zu schützen. Ein gleichberechtigtes Leben zwischen Mensch und Wildtieren ist die Forderung. Wenn Natur aus Menschenhand, dann kann dies nur heißen: Schutz und Erhalt der noch bestehenden natürlichen Umwelt. Eingriffe durch uns Menschen dürfen nicht so weiter wie bisher zerstören, sondern müssen in Einklang mit der bestehenden Tier- und Pflanzenwelt vorgenommen werden.

Freizeitverhalten in der Natur

Es wird in den letzten Jahren leider offensichtlich, daß der Mensch mit seinem Freizeitverhalten zu einem Störfaktor in der freien Natur wird, der unsere wildlebenden Pflanzen und Tiere schädigt und damit zum Schwinden der Arten beiträgt. Bekannte Beispiele sind der Wintersport mit seinem stetig wachsenden Bedarf an Skiliften und Abfahrtshängen. Auch der sommerliche Massentourismus in den Alpen sowie an unseren Flüssen und Seen mit den abertausenden Campingplätzen trägt dazu bei, daß Tiere nicht mehr brüten können und die

Populationen immer kleiner werden. Wo gestern noch ein Schilfgebiet war, liegt heute oftmals ein Ankerplatz für Segelboote. Immer neue Freizeitsportarten drängen die Natur zurück, sei es Drachenfliegen, oder das die letzten Jahre in Mode gekommene Querfeldein-Fahren mit Mountainbikes. Wer damit über Stock und Stein durch Feld und Wiese fährt, muß sich klar darüber werden, daß er über das Bodennest eines brütenden Vogels oder das Nest einer Hummelkönigin fahren könnte. Hunderte von Hummeln sind damit getötet und können nicht ihre segensreiche Tätigkeit in unserem Naturgefüge ausführen. Die Schäden durch die alljährlichen Autorallyes, die vielerorts immer noch durch Felder und Wälder führen, werden wohl erst spätere

Generationen feststellen. Hoffnungsvoll stimmen jedoch Nachrichten wie aus der Region Trier, wo erstmals ein seit Jahrzehnten durchgeführtes Bergrennen von den dortigen Behörden mit Hinweis auf die Natur- und Umweltbelastung nicht mehr genehmigt wurde. Es geht nicht darum, dem Menschen die Freude an seiner Freizeit und seinen Aktivitäten zu nehmen. Es wird aber Zeit zu begreifen, wie sensibel unsere Natur auf alle diese Störungen reagiert.

In »geleckten« Gärten wie diesem finden unsere Wildtiere keinen Lebensraum.

Fast 50 Prozent unserer heimischen Säugetiere sind nach Aussage der Roten Liste akut vom Aussterben bedroht. Wölfe und Bären gibt es in unseren Wäldern nicht mehr, und es scheint, als ob niemand darüber bekümmert ist – haben wir Menschen uns doch angewöhnt, die Tierwelt in die Kategorien von Nützling und Schädling einzuteilen. Viele, sehr viele Tier- und Pflanzenarten sind aus der Natur verschwunden, und bei einigen ist es nur eine Zeitfrage, bis es sie nicht mehr gibt, wenn wir weiter so unsere Natur zerstören. Zum Beispiel Biber, Otter oder Luchs, von denen nur noch ganz wenige Stückzahlen vorhanden sind. Aber auch viele kleine Insekten und Vögel und Säugetiere sind vom Aussterben bedroht, weil sie in der freien Natur keine geeig-

neten Lebensgrundlagen mehr vorfinden. In Zahlen ausgedrückt heißt dies, daß jährlich bis zu neunzig Arten bei uns aussterben. Verwunderlich scheint dies nicht angesichts der fortschreitenden Natur- und Landschaftszersiedlung: Eine Großstadt wie zum Beispiel Mainz verbraucht jährlich Baugrundstücke für 500 Häuser. Feuchtwiesen werden zu Tennisplätzen, jahrzehntealte Bauernhöfe mit traditionellen Brutplätzen von Schwalben und Störchen zu Wochenendhäusern oder Freizeiteinrichtungen. Mit dem weiter ansteigenden Flächenbedarf geht immer mehr Lebensraum verloren.

An diesen Zahlen zeigt sich, wie sehr die Natur, das heißt die Tier-

Naturgärten mit verschiedenen Lebensbereichen sind Oasen für Mensch und Tier.

und Pflanzenwelt, darauf angewiesen ist, daß wir ihr helfen. Ersatz kann nur eine naturbezogene tierfreundliche Gartengestaltung schaffen. Viele Tierarten haben sich zu sogenannten Kulturfolgern entwickelt und suchen unmittelbar unseren Lebensbereich. Der Mensch kann in Einklang mit der Natur leben. Es liegt in unserem ureigensten Interesse, dazu bereit zu sein.

Wissenschaftler gehen davon aus, daß auf dem Gebiet der BRD über 45 000 Tierarten leben, Kleinlebewesen mit eingerechnet. Für den Gartenbesitzer ist aber nur ein ganz geringer Bruchteil sichtbar. Die Anzahl der Tiere, die ihm täglich in seinem Garten begegnen, kann er oftmals an einer Hand abzählen. Manche Gärtner haben zeitlebens nie einen Igel oder eine Spitzmaus gesehen, und der Fund einer Raupe einer selteneren Schmetterlingsart wie des Schwalbenschwanzes wird als kleines Wunder betrachtet.

Gartenfreunde, die zu einer natürlichen Gartengestaltung zurückfinden, werden schnell feststellen können, welche Wunderwelt sich ihnen auftut. Unsere Gärten sind der Lebensraum von zahllosen Insekten sowie Säugetieren. Ein friedliches Nebeneinander ist möglich – und wir Menschen brauchen die Tiere. Im Obstbau sind es Bienen und Hummeln, die für die Bestäubung sorgen. Unsere Schmetterlinge tun dies bei vielen Blumen. Kleine Käfer sind es, die Schädlinge im Garten vertilgen. Unermeßlich ist der Nutzen der Vogelwelt, so grausam uns oft ihr Fressen und Gefressenwerden erscheinen mag. Es ist der Lebenskreislauf, der die Welt bestehen läßt.

Marder, Elster und Co.

Eine vielfach einseitig vorgenommene Betrachtung der Tierwelt bringt uns Menschen dazu, einige Tierarten in unser Herz zu schließen und sie zu schützen. Andere dagegen sind wir bereit, gnadenlos auszurotten, zum Beispiel Marder, aber auch Schlangen wie die völlig harmlose Ringelnatter. Aufgrund ihres Jagdtriebs oder ihres Aussehens werden diese Tiere von uns Menschen verfolgt und teilweise ausgerottet. Dazu gehörte bis vor einigen Jahren auch die Elster, die heute unter Artenschutz steht. Sicher fällt es schwer, sich für den Schutz dieser Vögel auszusprechen, besonders beim Anblick einer nestplündernden Elster, die ein Singvogelgelege als ihre Beute ausgewählt hat. Jäger drängen deshalb immer wieder darauf, die Jagd nach Elstern freizugeben. Dabei hat das Naturschutz-Zentrum Hessen unter Leitung von Diplomforstwirt Antonius Kröger in einem Forschungsprojekt nachgewiesen, daß es gar nicht nötig ist, Elstern zu bejagen. Grund: Rabenkrähen und Elstern plündern sich gegenseitig die Nestgelege und halten so ihren Bestand klein. Für die Natur ist ein gewisses Feindgefüge nötig.

Elster und Trauerschnäpper

Schlupfwespe beim Parasitieren einer Schmetterlingsraupe.

Es schmerzt einen Tierfreund sehr, wenn er erleben muß, daß ein Marder einen kleinen Igel erbeutet hat. So aber sind nun einmal die Regeln der Natur. Oftmals ist es schwer, dies zu begreifen, aber alle Tiere sind Bestandteile eines Gefüges, und wie weit es führt, eine Tierart zu verfolgen, sehen wir heute beim Uhu. Einst als Beutekonkurrent des Menschen verfolgt, mußte er in den letzten Jahren in zeit- und kostenaufwendigen Aktionen nachgezüchtet und ausgewildert werden. In diesem Zusammenhang muß auch gesagt werden, daß es viele Jäger sind, die sich an solchen Artenschutzprogrammen beteiligen.

Schädling – Nützling?

In den letzten Jahren zeigte es sich immer deutlicher, wie fatal die Einschätzung des Menschen der Tier- und Pflanzenwelt gegenüber war, indem er eine Aufteilung in Schädling und Nützling vornahm und alles, was er als Schädling eingeteilt hatte, aus seinem Garten verbannte – teilweise mit drastischem Einsatz von Giften, die heute noch in unseren Böden lagern und deren Gefahren wir erst langsam anfangen zu erkennen.

Der Gartenbesitzer, der sich dem biologischen Gartenbau zuwendet, erkennt, wie vielfältig und verknüpft die Natur ist. Mit der vielgeschmähten Brennessel läßt sich zum Beispiel eine Jauche ansetzen, die zum Düngen des Gartenbodens oder auch als Spritzmittel gegen Blattläuse verwendet werden kann. Für viele Schmetterlingsarten ist die Brennesselpflanze ihre Kinderstube, weil sich die Raupen von ihr ernähren. Dies gilt übrigens auch für die wilde Möhre. Die aus unseren Gärten als schädlich verbannten Disteln und andere Stauden sind vielfach Nahrungspflanzen für Insekten und Vögel wie den selten gewordenen Distelfink. Oftmals werden sie bis zu 2 Meter hoch und erfreuen uns durch ihren Anblick. Da diese Pflanzen in der freien Natur durch intensive Agrarwirtschaft immer seltener werden, ist ihre Ansiedlung im Garten sehr wichtig.

Viele Insektenarten in unseren Gärten werden allein durch überlieferte Vorurteile als Schädling angesehen. Denken wir an den Ohrwurm, dem nachgesagt wird, er krieche den schlafenden Menschen in die Ohren: Eine unsinnige Annahme, wie wir heute wissen. Jeder Gartenbesitzer kann sich über die Anwesenheit dieses Insektes in seinen Bäumen und Blumen freuen, vertilgt es doch unzählige Blattläuse. Tiere und Pflanzen, die sich in Millionen von Jahren entwickelt und erhalten haben, sollten wir schützen und achten, nicht nur weil sie uns nützen. Wir Menschen haben kein Recht, ihr Dasein auf dieser Welt zu beenden.

Hilfe für Wildtiere

Die Tiere in unseren Gärten leben sehr eigenständig und unabhängig von uns Menschen, was die Schaffung von Nahrung, Lebensraum sowie ihr Fortpflanzungsverhalten betrifft. Eine Ausnahme bilden die domestizierten Haustiere, wie Katze, Hund, Huhn, Schwein, Rind und viele andere, die ursprünglich auch einmal Wildtiere waren, aber in der heutigen Form größtenteils von uns abhängig sind. Vielfach kommt es beim Kontakt des Menschen mit einem Wildtier zu einem Vertrauensverhältnis, bei dem die Gefahr besteht, es zu verhätscheln und vom Menschen abhängig zu ma-

chen. Dadurch kann ein Überleben als Wildtier in der freien Natur erschwert oder gar unmöglich werden. Ein deutliches Beispiel dafür ist der Igel.

Aufgrund der Landschaftszersiedlung und einseitigen Gartengestaltung, wodurch sein Nahrungsraum zerstört wird, finden sich im ganzen Jahreszeitraum Tiere, die ohne menschliche Hilfe zugrunde gehen würden. Einerseits gehört Überleben und Sterben zu den Gesetzen der Natur. Im Hinblick auf den massiven Eingriff des Menschen in diesen Kreislauf – denken wir nur an die Millionen von Wildtieren, die wir jährlich mit unseren Autos töten – erscheint es aber human und ethisch angebracht, kranken und verletzten Wildtieren zu helfen, wenn es auch aus wildbiologischer Sicht zweifelhaft ist, ob diese Hilfeleistung der Arterhaltung dient. Hilfe für Wildtiere muß deshalb bedeuten, daß diese artgerecht geschieht. Der Gesetzgeber hat nicht ohne Grund strenge Maßstäbe dafür erlassen. Als Faustregel gilt: Beim Auffinden von hilfsbedürftigen Wildtieren Kontakt zu Naturschutzgruppen aufsuchen und sich sachkundig beraten lassen. Wenn nötig, das Tier in fachkundige Hände geben. Dafür sorgen, daß Wildtiere nach ihrer Genesung wieder in ihren aufgefundenen Lebensraum gebracht werden.

Insekten

Käfer

Zu den auf unserer Erde am häufigsten vorkommenden Tieren gehören die Käfer. Weltweit sind bis heute über 350 000 Arten bekannt. In Mitteleuropa kommen etwa 8 000 verschiedene Käferarten vor. Sie unterscheiden sich zum Beispiel in ihrer Lebensform, als tag- oder nachtaktive Tiere. Manche Käfer haben sich zur Nahrungsaufnahme auf die Jagd nach Kleintieren eingerichtet, während andere Arten – häufig zu unserem Leidwesen – Pflanzenkost bevorzugen. Bekannt hierfür sind die Kartoffelkäfer oder der selten gewordene Maikäfer. Abgesehen von solchen Arten, die bei Massenvermehrung einige Schäden an Pflanzen anrichten können, sind die meisten Käfer im Garten recht nützlich. Viele von ihnen sind Aasfresser und sorgen somit für einen funktionierenden Nährstoffkreislauf. Auch für die Durch-

lockerung und Belüftung der Gartenerde sind sie wichtige Helfer. Der Lebensraum einiger Arten liegt im Wasser, wie zum Beispiel beim Gelbrandkäfer. Für die Vögel sind die Larven vieler Käfer eine wichtige Nahrungsgrundlage.

In den letzten Jahren ist leider ein starker Rückgang unserer Käfer zu verzeichnen, so daß viele von ihnen vom Aussterben bedroht sind, selbst früher weit verbreitete Arten wie der Hirschkäfer oder der Nashornkäfer. Etliche von ihnen stehen deshalb unter Naturschutz.

Rosenkäfer

Durch ihre meist grünglänzende Farbe zählen die Arten der Rosenkäfer mit zu den schönsten Kleintieren in unseren Gärten. Der Zeitraum ihres Erscheinens liegt zwischen April und Oktober. Sie halten sich gerne an Doldengewächsen, Holunder, Weißdorn, aber auch an Obstbäumen und Heckenrosen auf.

Rosenkäfer sind seltene Besucher in unseren Gärten. Sie ernähren sich von Blütennektar, hier am Schmetterlingsstrauch.

Zu ihrer Nahrung gehören Blüten-
pollen und -nektar sowie Baumsäfte.
Im Garten sind sie gerne gesehen,
weil ihre Larven zur Umsetzung im
Boden beitragen.

Marienkäfer

Die Marienkäfer gehören wohl zu
den beliebtesten Käferarten, die
wir kennen. Meist begegnet er uns
als kleiner, roter Käfer mit schwarzen Punkten, obwohl er regional
auch schon mal vollkommen
schwarz vorkommt. Marienkäferlar-
ven werden oftmals aus Unkenntnis
getötet, obwohl sie außerordentlich
aktive Blatt- und Schildlaus-Vertilger
sind.
Im Winter im Haus aufgefundene
Marienkäfer sind nicht zwangsläufig
tot, sondern halten hier Winterruhe.
Sie dürfen nicht in warme Räume
verbracht werden, weil sie sonst
frühzeitig aufwachen würden und
an Nahrungsmangel zugrunde
gehen.

Marienkäfer – die Glücksbringer sollten in
keinem Garten fehlen.

Es geht nicht ohne Regenwurm

Die meisten Menschen sind
sich nicht bewußt, daß die Re-
genwürmer zu den wichtigsten
Tieren auf unserer Erde gehören. Von den vielen bei uns bekannten Arten ist der Gemeine
Regenwurm (*Allolobophora cali-
ginosa*) am häufigsten vertreten.
Verkannt als Köder zum Fisch-
fang, wissen nur die echten
Gartenfreunde ihre wahre Bedeutung zu schätzen. Regenwür-
mer durchstreifen die Gartenerde und nehmen die organischen Bestandteile des Bodens
als Nahrung zu sich. Mit ihrer
Wühltätigkeit durchlüften sie
die Erde. Ihre Ausscheidungen
sind angereichert mit Nährstof-
fen, die eine gute Gartenerde
entstehen lassen. Sie sind eine
wichtige Nahrungsgrundlage
für viele Gartenbewohner, wie
Igel, Vögel, Frösche und Blindschleichen. Ohne ihre Tätigkeit
wäre unser Gartenboden tot
und unfruchtbar. Seit einigen
Jahren ist es möglich, Regen-
würmer – genaugenommen
Kompostwürmer – aus Zuchten
zu bestellen und im Kompost
auszusetzen.

Florfliegen gehören zu den nützlichen Insekten im Garten.

Blattläuse

Sie gehören zu den kleinsten und gleichzeitig unbeliebtesten Insekten, die unsere Gärten bewohnen. Meist fallen sie auf, weil sie in großen Kolonien an Pflanzen und Sträuchern siedeln, deren Saft sie saugen. Blattläuse vermehren sich hauptsächlich durch Jungfernzeugung. Das heißt: Aus überwinterten Eiern schlüpfen im Frühling die Stammütter, die von nun an ohne Befruchtung lebendige, geflügelte Weibchen hervorbringen, welche sich auf anderen Pflanzen ansiedeln und weiter vermehren.

Erst bei Massenvermehrung an einer Nutzpflanze sollten Blattläuse mit biologischen Methoden in Schranken gehalten werden. Es wäre falsch, sie nur als Schädling anzusehen. Wußten Sie übrigens, daß unser Tannenhonig von den Bienen nur gesammelt werden kann, weil Blattläuse mit ihren Zuckerausscheidungen dazu beitragen?

Wanzen

Die bei uns lebenden Arten von Wanzen unterscheidet man in Land- und Wasserwanzen. In unseren Gärten treffen wir oftmals die Streifenwanze, die zur Familie der Landwanzen gehört und sich gerne auf Doldenblütlern aufhält, um sich von deren Pflanzensäften zu ernähren. Zu ihrer Verteidigung besitzen die Wanzen Stinkdrüsen. Im Gartenbereich sind sie nicht gerne gesehen, weil von ihnen aufgesuchtes Beerenobst einen unangenehmen Geschmack annehmen kann. Andererseits erbeuten sie aber auch viele Insekten und Raupen, die mit zu ihrer Nahrung gehören.

Florfliegen

Im Herbst oder Winter begegnen sie uns meist im Hause, weil sie hier auf der Suche nach einem Winterquartier sind. Vielen Menschen sind sie auch als Gold- oder Perlauge bekannt. Sie verzehren im Garten Blattläuse und andere kleine Insekten. Seit einigen Jahren werden Florfliegen in Fachbetrieben nachgezüchtet, wo man sie

kaufen kann. Vor allem in Gewächshäusern werden sie seitdem als natürliche Schädlingsbekämpfer eingesetzt und helfen so, auf den bisher praktizierten Gifteinsatz zu verzichten.

Ohrwürmer

Diese Insekten werden in unseren Gärten immer beliebter, weil sie sich ganz besonders bei der Blattlausvertilgung verdient machen. Sie leben meist auf Bäumen; im Herbst kann man oftmals Hunderte von Tieren in alten Vogelnestern vorfinden.

Ohrwürmer haben am Hinterleib Kneifzangen für ihre Verteidigung. Sie werden aber dem Menschen nicht gefährlich. Sie können zwar fliegen, lassen sich aber bei Bedrohung meist auf den Boden fallen. Ihre Ansiedlung in Obstbäumen kann durch Nistmöglichkeiten, wie umgekehrte, mit Holzwolle gefüllte Blumentöpfe, gefördert werden.

Streifenwanzen bei der Paarung.

Tiere im Garten

HAUTFLÜGLER

Bienen

Neben der uns allen bekannten Honigbiene leben weitere 481 einheimische Wildbienenarten bei uns in Deutschland. Alle sind sie unentbehrliche Helfer im Regelkreislauf der Natur.

Ohne unsere Bienen wäre es sehr schlecht um Blumen und Obstbäume bestellt. Beim Einsammeln von Nektar und Pollen fliegen die Bienen von Blüte zu Blüte und tragen somit zur Bestäubung bei – eine Grundvoraussetzung zum Weiterbestehen der Natur.

Die vom Imker betreute Honigbiene lebt in einem Staatengebilde zu vielen tausend Tieren in einem künstlichen Stock aus Holz oder Stroh, und bringt als Honigspender unbeschreiblichen Nutzen. Viele andere Arten dagegen leben alleine, wie zum Beispiel die Mörtelbiene.

Hummel auf Windenblüte: eine wichtige Nahrungsquelle im Herbst.

Diese Wildbienen nisten in kleinen Hohlräumen von Erde, Bäumen, Holzstengeln oder Lehmmauern, in denen sie ihre Brutkammern anlegen. Diese füllen sie mit Nektar und Pollen. Nachdem sie ein Ei darauf gelegt haben, wird der Eingang mit Lehm oder harzigem Speichel verschlossen. Eine weitere Brutpflege, wie es die Honigbienen tun, betreiben die Wildbienen nicht. Ihre Ansiedlung im heimischen Garten ist sehr wichtig, da ihr Lebensraum in der freien Landschaft immer mehr schwindet. 34 Arten von ihnen sind bei uns bereits ausgestorben oder gelten als verschollen.

Hummeln

36 Hummelarten kommen bei uns in Deutschland vor. Sie unterscheiden sich in langrüsselige und kurzrüsselige Hummeln und haben Namen wie Garten- oder Wiesenhummel, Große Hummel oder Keusche Schmarotzerhummel. Leider treffen wir in unserem Garten nur noch sehr wenige an. Hummeln leiden sehr unter unserer Naturzerstörung; deshalb sind viele akut in ihrem Bestand bedroht. Dabei sind sie es, die uns in den ersten Märztagen bei sonnigem Wetter in unseren Gärten auf der Suche nach den ersten Blüten begegnen. Die Hummelköniginnen legen ihre Nester in Erdlöchern, in Mauerritzen oder zwischen Steinen an. Sie sind vollkommen friedliebend – ein Hummelnest in der Nähe des Hauses bedeutet keinerlei Gefahr für den Menschen, auch nicht für Kinder. Hummeln eignen sich sehr gut dazu, Kindern die Wunder der Natur zu vermitteln. Besonders in den ersten kalten Frühjahrsmonaten zeigt sich die Bedeutung der Hummeln: Aufgrund ihres Pelzkleides sind sie in der Lage, Blüten bereits zu befruchten, während die Bienen

Diese Wespe wurde von einer Krabbenspinne erbeutet.

wegen der Kälte noch lange nicht ausfliegen können. Hummeln zu schützen und im Garten heimisch zu machen bedeutet ein sehr schönes Naturerlebnis. Tierfreunden sei an dieser Stelle das Buch »Hummeln« von Eberhard von Hagen (Naturbuch Verlag, Augsburg) empfohlen. Wer Hummeln in seinem Garten ansiedeln will, kann dies mit ganz einfachen Mitteln praktizieren (siehe S. 81).

Wespen

Alle Jahre wieder kann man die Aktionen der Feuerwehr gegen diese Tiere in der Presse verfolgen. Leider stehen die Nester der Deutschen sowie der Gemeinen Wespe nicht unter Naturschutz und dürfen so ohne Genehmigung der Naturschutzbehörden beseitigt werden.

Beide Arten haben in der Insektenvertilgung eine überaus große Bedeutung, da sie ihre Bruten täglich mit vielen erbeuteten Insekten und Larven füttern und somit zur biologischen Schädlingsbekämpfung beitragen. Meist werden ihre Nester,

die sie in Rolladenkästen oder Dachböden angelegt haben, bedenkenlos mit Gift besprüht und zerstört. Wer sich als Haus- und Gartenbesitzer durch ein Wespennest bedroht fühlt, sollte erst mit der Unteren Naturschutzbehörde in der zuständigen Kreisverwaltung oder mit einer örtlichen Naturschutzgruppe Kontakt aufnehmen, die gerne dabei hilft, diese Tiere umzusiedeln, wenn es wirklich erforderlich ist.

Daneben gibt es noch viele Arten aus der Familie der Grab- und Wegwespen. Sie stehen alle unter Naturschutz, wie die Birkenkeulhornwespen, die Dolchwespen, die Kreiselwespen und wie sie alle heißen. Für den Menschen stellen sie keine Gefahr dar, da sie keine großen Staaten bilden wie ihre Verwandten. Hingegen sind sie sehr nützlich und können mit Nisthilfen angesiedelt werden (siehe S. 82).

Hornissen

Zu den Insektenarten, die noch bis vor kurzem gnadenlos vernichtet wurden, zählen unsere heimischen Hornissen. Sie gehören zu den größten staatenbildenden Insekten in Mitteleuropa. In Anbetracht ihrer außerordentlichen Nützlichkeit bei der Insektenvertilgung wurden sie nun endlich vor der völligen Ausrottung bewahrt: Hornissen unterliegen seit 1987 den Schutzbestimmungen der Bundesnaturschutzverordnung.

Wegen ihrer Größe und ihrem Aussehen jagen sie den meisten Menschen Angst ein, obwohl ihr Stich auch nicht gefährlicher ist als der einer Biene. Hornissen siedeln sich heute oftmals in der Nähe des Menschen an, wie es auch die Wespen tun. Dabei verfüttern sie an ihre Brut täglich etwa ein Pfund Insekten und helfen uns somit, auf Schädlingsgifte zu verzichten.

Hornissen sind gegenüber Menschen in der Regel friedliebend. Robert Ripberger, der in Deutschland als Experte für Hornissen gilt, hat nachgewiesen, daß eine Ansiedlung von Hornissen auf dem Dachboden oder im Garten ohne Gefahr für den Menschen ist, wenn er einige Regeln beachtet und vor allem vier Meter um das Nest herum Störungen vermeidet. Hornissen reagieren empfindlich auf heftige Bewegungen sowie Erschütterungen ihres Nestes. Da sie auch nachts fliegen, sollte man es unterlassen, in der Dunkelheit nach fliegenden Insekten zu schlagen – es könnte eine Hornisse sein.

Wer sich oder seine Kinder durch Hornissen auf seinem Grundstück bedroht fühlt, der sollte nicht unbedacht handeln. Oftmals kann mit einer sachkundigen Umsiedlungsaktion ein Ausweg gefunden werden. Ansonsten sollte man wie bei den Wespen bedenken, daß ein Hornissenvolk nur wenige Monate besteht. Im Herbst sterben alle Tiere bis auf die Jungköniginnen, und die verlassen das alte Nest.

Hornissen mögen gerne die Säfte von überreifem Obst.

Libellen bei der Paarung, vereinigt im sogenannten Paarungsrad. Die Eiablage erfolgt im
Wasser.

die Brutkammern anderer Insekten
ein und legen dort ihre Eier auf
oder in die Larven dieser Tiere.
Auch parasitieren sie auf diese
Weise die Raupen von Schmetterlingen. Weil sie unter anderem
dem Kohlweißling das Leben
schwer machen, sind sie im Garten
gerne gesehen. Die Larven einer
bestimmten Schlupfwespen-Art (*En-
carsia formosa*) sind im Fachhandel
zu beziehen. Sie werden zur Bekämpfung der Weißen Fliege eingesetzt, die in Wohnzimmern und
Gewächshäusern gerne unsere
Pflanzen befällt.

Libellen

Obwohl alle bei uns lebenden Li-
bellenarten für den Menschen völlig ungefährliche Fluginsekten sind,
begegnen ihnen viele mit Angst
und Zurückhaltung. Dabei sind sie
außerordentlich nützliche Insektenvertilger.
Unsere Libellen unterteilen wir in
zwei Gruppen: Kleinlibellen und
Großlibellen. Ihr Lebensraum sind
Feuchtgebiete, Bach- und Flußland-
schaften. Sie sind auf Wasser angewiesen, weil sie ihre Eier dort ablegen. Daraus schlüpfen die Larven,
die teilweise einige Monate bis Jahre im Wasser leben, bis sich aus
ihnen eine neue Libelle entwickelt.
Gerade für Libellen wird mit der
Anlage eines Gartenteiches ein
wertvolles Biotop geschaffen.

Ameisen

Leider sind sie in den Gärten nicht
so gerne gesehen, trotz ihres
Nutzens, der häufig verkannt wird.
Während die Waldameisen und ihre oftmals meterhohen Bauten unter
Naturschutz stehen, werden die Nester der Gartenameisen mit gesetz-
licher Duldung zerstört. Sie leben
in Staatengebilden, die sie unter
Steinen, Wegeplatten oder an
Baumrändern anlegen, sowie auf
der Wiese – in Form kleiner Erdan-
häufungen, die sehr oft an Maul-
wurfshügel erinnern.
Ameisenlarven werden mit vorge-
kauten Insekten gefüttert. Sie sind

somit als Nützlinge zu betrachten.
Ihre besondere Eigenart ist es,
Blattläuse als Zuckerspender zu
nutzen. Dort wo Ameisen überhand
nehmen, ist es ganz einfach, sie in
Schranken zu halten: Wenn ihre
Nester freigedeckt werden, bilden
Puppen und Eier eine Nahrung für
die Vögel.

Schlupfwespen

Sie haben eine listige, aber zu-
gleich auch grausame Art, sich in
der Schädlingsvertilgung nützlich
zu machen: Die verschiedenen
Arten von Schlupfwespen dringen
nämlich mit ihrem Lagestachel in

Admiral-Schmetterling mit Wilder Malve und Salomonssiegel.

Schmetterlinge

Die bei uns lebenden Schmetterlinge unterscheidet man in Tag- und Nachtfalter, oder in einer anderen Unterteilung auch in Groß- oder Kleinschmetterlinge. Etwa 3000 Arten sind in unseren Breiten vorzufinden.

Obwohl durch den schönen Sommer 1991 auf einmal wieder viele Schmetterlinge in unseren Gärten anzutreffen waren, sind viele Arten weiterhin vom Aussterben bedroht. Erfreulicherweise hat sich aber auch gezeigt, daß mit der jetzt praktizierten Politik der Flächenstilllegungen der Landwirtschaft wieder viele neue Lebensräume für unsere Falter entstehen. Somit ist zu hoffen, daß bedrohte Arten wie zum Beispiel der Schwalbenschwanz in Zukunft vielleicht wieder häufiger in unseren Breiten anzutreffen sind.

Admiral

In warmen Maimonaten fliegt der Admiral in unsere Gärten, auf der Suche nach Brennesseln zur Eiablage. Er zählt zu den bewunderungswürdigen Schmetterlingsarten, die sich im Herbst auf Wanderflug in den Süden begeben, um dort zu überwintern.

Am häufigsten treffen wir ihn aber im Herbst an. Meist sitzt er dann auf überreifen Birnen oder Pflaumen, deren süßen Säfte er gerne mit seinem Rüssel aufsaugt.

Eros-Bläuling

Er zählt zur großen Verwandtschaft der Bläulinge. Wie kleine Zauberwesen fliegen diese Falter umher; es ist eine große Freude, sie in ihrer Farbenpracht zu beobachten. In unseren Gärten treffen wir sie gerne auf Wiesen mit viel Hornklee – eine Pflanze, die sie gerne aufsuchen, weil sie die Futterpflanze für ihre Raupen ist.

C-Falter

Wo in unseren Gärten noch die Hecke von Roter und Schwarzer Johannisbeere steht, finden sich gerne die C-Falter ein. Auf diese Sträucher legen sie ihre Eier ab, weil sie von den schlüpfenden Raupen als Futterpflanze genutzt werden. Ihre Namen tragen sie aufgrund der weißen Zeichnung an der Flügelunterseite, die dem Buchstaben C ähnelt.

Kleiner Fuchs

Er zählt mit zu den häufigsten Schmetterlingen, die bei uns noch vorkommen. Bereits im März verläßt er sein Versteck, in dem er überwintert hat, und durchstreift unsere Gärten. Hier ist er auf der Suche nach Futterpflanzen und sonnigen Brennesselecken zur Ablage seiner Eier. Im Mai kann man dann schon die kleinen Raupen beobachten. Im

Die Kreuzspinne – oft gefürchtet, aber völlig ungefährlich und nützlich.

Herbst verkriecht sich der Kleine Fuchs gerne auf Dachböden oder in kalte Zimmer unserer Häuser, um hier das kommende Frühjahr abzuwarten.

Tagpfauenauge

Als einer unserer schönsten heimischen Schmetterlinge gelten die Tagpfauenaugen. Im März sieht man sie schon bei der Suche nach Nahrung auf den ersten Veilchen. Auch sie überwintern als fertige Schmetterlinge. Erst im Juli treffen wir sie in der neuen Generation an. Besonders auf den herrlichen Blüten des Schmetterlingsflieders (*Buddleja*) lassen sie sich gut beobachten.

Zitronenfalter

Er zählt zu den ersten Frühlingsboten. Leider wird er in den letzten Jahren immer seltener. Es sind die Männchen der Zitronenfalter, die uns in ihrer leuchtenden Farbe sofort auffallen. Zu ihrer Besonderheit gehört, daß sie im Sommer nicht aktiv sind und einen Art Sommerschlaf halten. Erst im Herbst tauchen sie dann wieder in unseren Gärten auf. Auch sie überleben im Gegensatz zu vielen anderen Schmetterlingen die Wintermonate als ausgewachsene Falter in ihren Verstecken.

Spinnen

Zu den wohl am meisten verkannten Nützlingen in unseren Gärten gehören die Spinnen. Über 800 Ar-

ten sind bei uns beheimatet, und viele von ihnen stehen unter Artenschutz. Es gilt festzustellen: Keine der bei uns lebenden Spinnenarten sind für den Menschen giftig oder gefährlich. Und mit ihrem oft als grausam empfundenen Jagdverhalten tragen sie zu einem gesunden Naturgefüge bei.

Kreuzspinnen

Zu den gefährdeten Arten gehören auch die Gartenkreuzspinnen, die wegen vieler Vorurteile verfolgt werden. Meist finden wir sie in unseren Obstbäumen, wo sie ihre Fangnetze weben und darauf warten, daß sich ein Beutetier in ihr Netz verfängt. Kreuzspinnen können bis zu zwei Jahre alt werden. Nach der Paarung kommt es vor, daß sie ihren Partner verzehren - eine Eigenart, die auch viele andere Spinnenarten praktizieren.

Zebraspinne

Auch als Wespenspinne bekannt. Sie zieht gerne in naturnahe Gärten ein, wo sie meist kopfunter an ihrem Radnetz auf Beute lauert. Selbst Insekten in der Größe einer Heuschrecke werden von ihr gefangen. Mit etwas Glück kann man sie im Herbst bei der Arbeit an ihrem kunstvollen Eikokon sehen, den sie pflaumengroß zwischen Grashalmen aufhängt. Hierin verstecken sich nach dem Schlüpfen ihre etwa 300 Jungen, um darin zu überwintern.

Reptilien

Ringelnatter

Wie fast alle Schlangen, die noch in Deutschland vorkommen, ist die Ringelnatter giftlos. Ihre Erscheinung ist sehr selten geworden, da sie aus Angst und Unkenntnis immer noch häufig getötet wird, wenn man sie findet. Dabei handelt es sich um eine völlig ungefährliche Schlange, die zudem unter Artenschutz steht. Häufig wird ihr selten gewordenes Nestgelege in Komposthaufen aufgefunden. Hierin legt sie in den Sommermonaten manchmal über 20 Eier, aus denen die kleinen Schlangen schlüpfen. Ringelnattern sind nützliche Tiere im Garten, da sie sehr viele Insekten vertilgen. Die nahrungsarme Zeit verbringen sie in einer Art Winterschlaf unter Stein- oder Erdverstecken.

Blindschleiche

Wegen ihres schlangenähnlichen Aussehens wird die Blindschleiche – eigentlich eine beinlose Echse – auch heute noch unsinnigerweise verfolgt. Unter Stein- oder Komposthaufen ist sie in unseren Gärten noch häufig anzutreffen und zählt zu den Nützlingen, weil sie auf ihren Beutezügen Schnecken und Insekten vertilgt. Blindschleichen sind harmlose Gartenbewohner, keinesfalls giftig, und für den Menschen völlig ungefährlich. Sie zu fangen und zu töten stellt einen groben Verstoß gegen das Naturschutzgesetz dar.

Eidechsen

Ihr Lebensraum sind Gärten mit kräftiger Sonneneinstrahlung, vielen Stein- und Mauerverstecken und Heckenlandschaften. Leider hat die massive Giftanwendung in den letzten Jahrzehnten – besonders in den

Blindschleichen sind heimliche Gartenbewohner. Beim Wiesenmähen ist Vorsicht geboten, um sie nicht zu verletzen.

Amphibien

Frösche

Das Lebenselement unserer heimischen Frösche ist das Wasser. Hier legen sie in den Frühjahrsmonaten ihre Eier ab, aus denen sich die kleinen Kaulquappen entwickeln. Zu den bei uns lebenden Arten gehören: Grasfrosch, Laubfrosch, Moorfrosch, Seefrosch, Springfrosch und Wasserfrosch. Viele von ihnen leben in Wiesen und Gärten und sind in den Nachtstunden auf der Suche nach Nahrung. Diese besteht aus Insekten, Schnecken, Spinnen und Würmern. Damit gehören die Frösche zu den Nützlingen. Mit der Anlage eines Gartenteiches kann ihre Ansiedlung im Garten gefördert werden.

Links: Mauereidechsen lieben sonnige Steinverstecke.
Unten: Der Wasserfrosch braucht zum Überleben saubere Gewässer.

Weinbergen, wo Pestizide mittels Hubschrauber flächendeckend ausgebracht werden – viele Arten von Eidechsen verschwinden lassen, so daß von den zwölf in Deutschland lebenden Arten schon einige akut vom Aussterben bedroht sind. Eine der bei uns noch am häufigsten vorkommenden Arten stellt die Mauereidechse dar. Als tagaktives Tier kann man sie oftmals beim Sonnenbad beobachten und sich an ihrer Farbenpracht erfreuen. Eine ihrer Besonderheiten ist es, daß sie bei Gefahr in der Lage sind, ihren Schwanz abzuwerfen und somit ihrem Angreifer zu entkommen. Ihre Nützlichkeit stellen sie mit der Vertilgung von Insekten, Würmern und Schnecken unter Beweis. Auch für sie ist es wichtig, daß neue Lebensräume geschaffen werden.

Laubfrösche sind die kleinsten einheimischen Frösche. Ihr Bestand ist leider stark gefährdet.

Kröten und Unken

Zu dem Lebensraum unserer Kröten und Unken gehören auch die naturbezogenen Gärten. Dies gilt für Erdkröte, Geburtshelferkröte, Kreuzkröte, Knoblauchkröte und Wechselkröte.

Zu den akut in ihrem Bestand bedrohten Unken zählen die Gelbbauchunke sowie Rotbauchunke. Ihre wichtige Bedeutung für unser ökologisches Gefüge ist uns in den letzten Jahren immer mehr bewußt geworden. Besonders in der biologischen Landwirtschaft zählen sie zu den eifrigen Insektenfressern. Erfreulich ist die Tatsache, daß sich viele Jugendliche am Schutz dieser Tierarten in der Natur beteiligen.

Molche

Zu den Amphibien, die auf intakte, klare Gewässer angewiesen sind, gehören die Molche. Bei uns leben der Bergmolch, Fadenmolch, Kammmolch und Teichmolch. Bereits im März werden sie in Teichen und Tümpeln aktiv und laichen dort vie-

Gelbbauchunken bei der Paarung.

le hundert Eier ab. Hier leben sie als Kiemenatmer einige Monate, um dann als Lungenatmer an Land zu gehen. In Gärten mit Feuchtbiotopen kann man sie in den Abendstunden auf der Jagd nach Insekten, kleinen Schnecken und Würmern beobachten.

Salamander

Es gibt zwei Arten, die in unseren Breiten leben: Der Alpensalamander hat die Eigenart, seinen Nachwuchs vollentwickelt zur Welt zu bringen; anders der Feuersalamander, der seine Larven in Bächen und anderen Gewässern gebiert. Zu ihrer Nahrung gehören Schnecken, Insekten, Spinnen und Würmer. Im Herbst finden sich Feuersalamander schon mal in Kellerverstecken, die sie zur Überwinterung aufsuchen. Salamander lassen sich durch die Schaffung von kleinen Feuchtgebieten in Verbindung mit Natursteinhaufen im Garten ansiedeln.

Links: Bergmolch.
Rechts: Feuersalamander.

Frühling: Unsere Gartenbewohner bekommen Nachwuchs

Der Lebensraum Garten ist in den Frühjahrs- und Sommermonaten die Kinderstube für zahlreiche Tierarten. Bereits in den ersten Märzwochen treffen wir die Hummeln in unseren Gärten, auf der Suche nach Verstecken für den Aufbau ihrer Völker. Es sind die Königinnen aus dem Vorjahr, die nun erst einmal alleine einen Staat gründen müssen. Ihnen folgen die Schmetterlinge aus ihren Winterverstecken, wie zum Beispiel Zitronenfalter, Kleiner Fuchs oder Tagpfauenauge. Für sie alle sind Schneeglöckchen, Krokusse, Veilchen oder Mandelbäume die ersten Futterpflanzen.

Auch unsere Vögel, zum Beispiel Meise und Sperling, beginnen nun mit der Partnersuche und dem zügigen Nestaufbau. Täglich kann man in den Märztagen Kraniche und Wildgänse am Himmel beobachten, die auf dem Wanderflug zu ihren Brutrevieren sind. Der Winter scheint zu Ende, obwohl es immer noch zu Schnee- und Kälteeinbrüchen kommen kann. In den Monaten April und Mai treffen dann die Schwalben wieder aus Afrika ein. Jetzt sind unsere Gärten sehr belebt, und in vielen Nestern rufen schon die ersten Jungvögel nach Nahrung. Auch die bodenbewohnenden Molche, Frösche und Kröten waren schon im März zu ihren Laichgründen unterwegs und haben jetzt Junge. In den Gartenteichen wimmelt es nun von Kaulquappen und kleinen Molchen. Ende Mai sind es die Igel, bei denen in Bodennestern aus Gras, Stroh und Laub mancherorts die Jungen zur Welt kommen. Jetzt ist es wichtig, bei Gartenarbeiten besonders umsichtig zu sein! Das Beschneiden von Bäumen und Hecken muß unterbleiben.

Beim Umgraben von Komposthaufen besondere Vorsicht walten lassen! Niemals mit einer spitzen Gabel in einen Komposthaufen stechen, weil viele Tiere diesen als Nistraum nutzen, z. B. Igel und Blindschleichen. Gehölze sollten bis in den Sommer nicht umgesetzt werden, weil Rotkehlchen oder Zaunkönig gerne darin brüten.

Jetzt ist auch der Zeitpunkt gekommen, wo Sie Ihren Hund und Ihre Katze nicht ohne Aufsicht im Garten streunen lassen sollten. An den Menschen im Garten dagegen gewöhnen sich unsere Wildtiere sehr schnell und lassen sich dadurch in der Regel nicht in ihrem Brutgeschäft stören.

Säugetiere

Igel

In unseren Breiten lebt der sogenannte Braunbrustigel. Er ist wohl bei allen Menschen und besonders bei Gartenbesitzern gerne gesehen. Vielen Menschen nur aus Märchen und Fabeln bekannt, geht es dem Igel leider heute nicht mehr so gut. Fast eine Million von ihnen kommt jedes Jahr durch den Straßenverkehr und Eingriffe in die Natur ums Leben. Dabei ist der Igel ein so nützliches und liebenswertes Tier! Wenn er auch noch

In den Abendstunden trifft man den Igel im Garten auf Nahrungssuche.

nicht vom Aussterben bedroht ist, so ist es doch für ihn wichtig, daß wir unsere Gärten wieder ein wenig verwildern lassen, weil er sie gerne als Lebensraum aufsucht und sich in der Nähe des Menschen ansiedelt.

Im April oder Mai beendet er seinen viele Monate dauernden Winterschlaf und begibt sich auf die Suche nach Nahrung. Diese besteht aus Käfern, Schnecken, Würmern und allerlei Kleintieren sowie Obst und Beeren. In den Sommermonaten kommt es zur Begattung, und in einem Stein-, Holz- oder Grasversteck bringt die Igelin ihre Jungen zur Welt, oftmals sechs bis acht Tiere. Jetzt ist es wichtig, daß sie in unseren Gärten genug Nahrung finden und vor allem auch Lebensraum. Wichtig hierfür sind Gehölze und Komposthaufen. In gepflegten Gärten haben Igel keine Überlebenschance. Deshalb finden wir in den Herbstmonaten immer wieder kleine, halbverhungerte Igel, die ohne menschliche Hilfe zu Grunde gehen. In Deutschland gibt es viele Schutzvereine, die sich um die Igel kümmern. Hier bekommt man Rat und Auskunft, was zu tun ist, um den Igeln zu helfen.

Marder

Obwohl die Marder nicht allzusehr beliebt sind, ist es doch eine Tatsache, daß sich einige von ihnen in der Nähe des Menschen ansiedeln und sogar seine Nähe suchen, wie zum Beispiel der Steinmarder, bekannt auch als Hausmarder. Er lebt gerne unter Stein- oder Holzhaufen, aber auch in Scheunen oder Garagen. Sogar auf Dachböden werden sie schon mal aufgefunden. Marder zählen zu den Raubtieren; ihre Beute besteht aus Mäusen, Ratten, Vögeln und allerlei Kleintieren. Sie verzehren aber auch gerne Obst und Beeren.

In den letzten Jahren ist es vereinzelt zur Mode geworden, sich Zuchtformen von Steinmardern oder Iltissen als Haustier zu halten. Wenn dann Probleme mit Vermietern oder ähnliches auftauchen, werden die Tiere einfach in die Natur entlassen, wo sie – da auf den Menschen geprägt – alleine nicht mehr zurechtkommen.

Spitzmäuse

Zu den artgeschützten Tieren in unseren Gärten gehören auch die Spitzmäuse, die mit den eigentlichen Mäusen nicht verwandt sind, sondern als Fleischfresser in engerer Verwandtschaft zu den Igeln stehen. Spitzmäuse sind außerordentliche Nützlinge im Garten, weil neben einer Vielzahl von Insekten auch Schnecken zu ihrer Beute zählen.

Oftmals befinden sich ihre Nester in Kellern oder Garagen. Man sollte ihnen diesen Lebensraum gönnen, zumal es sich um eine gefährdete Tierart handelt.

Zur Beute des Steinmarders gehören unter anderem Mäuse und Ratten.

oberirdischen Gangöffnungen. Zu ihrer Vertreibung gehört viel Geduld und Ausdauer. Im Gartenfachhandel werden dazu Ultraschallgeräte angeboten. Biogärtner verlassen sich häufiger auf die vertreibende Wirkung von benachbartem Knoblauch oder anderen geruchsintensiven Pflanzen.

Maulwurf

Mit dem Vorurteil verfolgt, daß er die Wurzeln von Blumen und Sträuchern abnage, werden häufig drastische Maßnahmen ergriffen, sobald sich die Anwesenheit eines Maulwurfes durch kleine Erdhaufen verrät. Dabei macht sich der Maulwurf in der Vertilgung von Insektenlarven, Engerlingen und Jungmäusen nützlich und trägt zudem zur Durchlockerung des Gartenbodens bei. Seine Verfolgung mit Gift und Fallen ist nicht nur unsinnig, sondern auch verboten, da es sich um eine geschützte Tierart handelt.

Der Maulwurf ist gesetzlich geschützt und darf nicht bekämpft werden.

Mäuse

Eine Vielfalt von Mäusearten ist in unseren Gärten heimisch, wozu auch die geschützte Gelbhalsmaus gehört. Weiter leben hier die Haus- und Waldmaus. Als falsche Mäuse sind die Wühlmäuse zu bezeichnen, weil sie eigentlich näher mit den Hamstern verwandt sind. Wühlmäuse, insbesondere die Schermaus, sind im Garten nicht gerne gesehen, weil sie Schäden an unseren Pflanzen anrichten. Ihre Anwesenheit erkennen wir an den

Die Spitzmaus zählt zu den nützlichen Schädlingsvertilgern.

Eichhörnchen

Obwohl ihr eigentlicher Lebensraum der Wald ist, treffen wir Eichhörnchen häufig in unseren Park- und Gartenanlagen an. Große Gärten mit Nadelbäumen werden von ihnen besonders gerne als Lebensraum angenommen. Durch ihr putziges Aussehen und ihre flinken Klet-terkünste sind sie bei allen Menschen beliebt. Als tagaktive Tiere durchstreifen sie die Gegend nach Nahrung und fallen hierbei auch oft dem Straßenverkehr zum Opfer. Ihre Nahrung besteht aus Samen, Nüssen, Insekten und Pilzen. Gelegentlich plündern sie auch mal ein Nestgelege. In den Sommermonaten bringen sie in ihren Baum-nestern bis zu fünf Junge zur Welt. Eichhörnchen kennen wir in unseren Breiten in zwei Farbvarianten: Je nach Gebietslage treffen wir sie in rotem oder in braunschwarzem Pelzkleid an.

Gelegentlich wählen Eichhörnchen unsere Gärten als Lebensraum.

Feldhamster

Als dämmerungs- und nachtaktives Tier bekommen wir die Feldhamster selten zu Gesicht, was auch darin seine Ursachen hat, daß er bei uns sehr selten geworden ist. In früheren Jahrzehnten als Schädling verfolgt, steht er heute unter Artenschutz. Schuld für sein Verschwinden aus unserer Landschaft ist der massive Gifteinsatz in der Landschaft. Hier liegt auch sein eigentlicher Lebensraum: Wiesen und Getreidefelder, aus denen er seine Nahrung bezieht. Er verzehrt gerne Feldfrüchte, Insekten, Getreidekörner, Schnecken und Würmer. Feldhamster sind sehr fortpflanzungsfreudig, bei bis zu drei Würfen im Jahr kommen jeweils bis zu acht Jungtiere zur Welt. In der nahrungsarmen Zeit halten sie ihren Winterschlaf. Der wird aber immer wieder unterbrochen, um Nahrung aufzunehmen, die sie in ihren Bauten als Vorrat einlagern.

Hoffnung für den Feldhamster: die biologische Landwirtschaft.

Wildkaninchen

Eine Tierart, die jedes Kinderherz höher schlagen läßt, sind die Wildkaninchen, die unsere Gärten besuchen. Sie leben in weitverzweigten Erdbauten, wo sie mehrmals im Jahr Junge bekommen. Kaninchen leben von pflanzlicher Nahrung. Leider sind sie in unseren Gärten nicht immer gerne gesehen, weil sie sich durch Verzehr von Gemüse und Abnagen vom Baumrinden unbeliebt machen. Trotzdem ist es verboten, ihnen mit Fallen und Giftködern nachzustellen, wie es oft vorkommt. Besser ist es, Anpflanzungen und junge Bäume mit Drahteinfassungen zu sichern. Wo ein natürliches Feindgefüge besteht, werden die Wildkaninchen in ihrem Bestand sowieso gering gehalten.

Bilche

Zur Familiengruppe der Bilche gehören Baumschläfer, Gartenschläfer, Siebenschläfer und Haselmaus. Ihr bevorzugter Lebensraum in unseren Gärten sind Hecken und Sträucher, aber oftmals ziehen sie auch gerne auf Dachböden oder zwischen Wandverkleidungen. Als nachtaktive Tiere fallen sie dann leider oftmals unangenehm auf, weil sie sich durch Lärmen und Poltern unbeliebt machen. Bilche stehen unter Naturschutz und dürfen nicht getötet werden. Ihre Nahrung besteht aus Insekten, Raupen, Nüssen, Eicheln sowie Obst und Beeren. Als Gartenbewohner ziehen sie auch gerne mal in einen Vogelnistkasten ein, um diesen als Wohnraum zu nutzen. Um die Vögel nicht durch Bilche zu gefährden,

sollten Nistkästen immer freihängend an einem Ast befestigt werden und gegebenenfalls die Bäume mit einem Gummikragen aus dem Gartenhandel gegen das Hinaufklettern abgesichert werden.

Fledermäuse

Alle bei uns lebenden Fledermausarten sind in ihrem Bestand bedroht und stehen deshalb schon seit Jahrzehnten unter Artenschutz. Leider konnte dies ihren weiteren Rückgang bisher nicht verhindern.

Links: Wildkaninchen.
Rechts: Die Haselmaus gehört zur Familie der Bilche.

Neben den bekannten Ursachen ist es vor allem das Schwinden von geeigneten Wohnquartieren, was ihnen zu schaffen macht.

Als dämmerungs- und nachtaktive Tiere begegnen sie uns meist in den Abendstunden auf der Jagd nach Insekten. Hierin liegt auch ihre besondere Bedeutung, weil sie sich in der Insektenvertilgung außerordentlich verdient machen. Fledermäuse zählen zu den Säugetieren und leben gerne in Wohngemeinschaften zusammen. Offenstehende Dachböden von Wohnhäusern und Kirchen sowie Speicher von landwirtschaftlichen Gehöften werden in den Sommermonaten gerne als Wohnraum angenommen. Für den Menschen bedeutet dies keinerlei Gefahr. Wer Fledermäuse in seinen Garten anlocken will, kann dies mit speziellen Nisthilfen tun. Ihren Winterschlaf halten Fledermäuse in Türmen, Felshöhlen und Stollen, wo man sie nicht stören sollte. Es ist meist tödlich für sie, wenn man sie im Winter daraus vertreibt und sie keine Nahrung vorfinden.

Zu den Arten, die bei uns leben, gehören: Alpenfledermaus, Großer und Kleiner Abendsegler, Braunes Langohr, Kleine und Große Bartfledermaus, Breitflügel-Fledermaus, Bechstein-Fledermaus, Fransenfledermaus, Großes Mausohr, Kleine und Große Hufeisennase, Graues Langohr, Mopsfledermaus, Nordfledermaus, Rauhhautfledermaus, Teichfledermaus, Wasserfledermaus, Wimperfledermaus, Zweifarbfledermaus und Zwergfledermaus.

Fledermäuse brauchen dringend zugängliche Wohnquartiere wie Scheunen und Dachböden.

Vögel

Zu den anerkannten Lieblingen unter den Tierarten in unserer Natur und Gartenlandschaft zählen wohl die Vögel. Mit ihrem Gesang und munteren Treiben schenken sie den Menschen Freude und Glücksgefühl. Deshalb wird sich kaum ein Gartenbesitzer gegen die Anwesenheit von Vögeln in seinem Garten wehren, und dies ist auch gut so. In der Bundesrepublik brüten nur noch etwa 255 Vogelarten. Teilweise sind sie akut in ihrem Bestand und vom Aussterben bedroht. Bei vielen Vogelarten wird es sich in den nächsten Jahren zeigen, wie ernst es uns mit Naturschutzbemühungen ist. Denn die Misere um den Rückgang der Artenvielfalt ist uns schon seit vielen Jahrzehnten bekannt. Dies gilt nicht nur für die etwa 30 Vogelarten, die ganzjährig bei uns leben, sondern vor allem für die vielen Zugvögel, die in un-

Der Buchfink baut sein Nest auch gerne in unseren Obstgärten.

seren Gärten einen intakten Lebensraum für die Aufzucht ihrer Bruten suchen. Dazu fliegen sie alljährlich viele Tausende von Kilometern aus ihrem Winterquartier zu uns zurück. Alleine diese Leistung sowie ihr emsiges Vertilgen von Insekten aller Art ist es wert, sie zu schützen und zu ihrer Erhaltung beizutragen. Diesen Schutzgedanken machen sich leider nicht alle Menschen zu eigen. Alljährlich werden in Ländern wie Belgien, Italien oder Malta Hunderttausende von Zugvögeln gemordet.

Amsel

Zu den Vögeln, die das ganze Jahr in unseren Gärten leben, gehören die Amseln. Die Männchen unterscheiden sich durch ihr schwarzes Federkleid und ihren gelben Schnabel von den Weibchen mit ihrem bräunlichen Gefieder. Sie bauen ein kunstvolles Nest in Hecken und Sträuchern, das sie mit Lehm und feuchter Erde verstärken. Auch offene Nisthöhlen werden gerne von ihnen angenommen. Ihre Bruten fallen leider immer wieder Elstern und Katzen zum Opfer. Sie sind wohl nur deshalb noch

so zahlreich vorhanden, weil sie im Jahr bis zu drei Brutgelege haben. Junge Amseln können sehr zutraulich werden. Weil sie im Herbst gerne Beerenobst verzehren, ist die Meinung weitverbreitet, daß sie im Garten viel Schaden anrichten. Ihr Nutzen durch das Vertilgen von Bodenschädlingen ist allerdings viel größer. Auch kommt den Amseln eine große Bedeutung als Wächter für unsere Gartenvögel zu, da sie meist die ersten sind, die Gefahren erkennen und durch laute Alarmrufe darauf aufmerksam machen.

Buchfink

Bisher war der Buchfink mehr in Wäldern und großen Parkanlagen anzutreffen. Mittlerweile brütet er aber immer häufiger in unseren Gärten, wo er ein sehr kunstvolles Nest in kleine Astgabelungen baut. Durch seinen wunderschönen Gesang und sein Aussehen fällt er sehr schnell auf. Seine Nahrung besteht aus Insekten und vor allem aus Samen. Mittlerweile ist er auch im Winter bei uns anzutreffen und als Jahresvogel anzusehen.

Drossel

In etwas größeren Gärten mit viel Baumbestand finden wir auch die Singdrossel. Den Namen hat sie sich mit ihrem ausgezeichneten Gesang verdient. Ihre Nahrung, die auch aus Regenwürmern und Schnecken besteht, sucht sie sich schon mal gerne auf frisch gemähten Rasenflächen. Als Teilzieher begibt sie sich im Herbst auf Wanderflug in die Winterquartiere nach West- und Südeuropa.

Feldlerche

Zu den kurzzeitigen Gästen in unseren Gärten zählen die Feldlerchen, deren Lebensraum das Ackerland mit großen Wiesen und Brachflächen ist. Als Zugvögel kehren sie im März aus ihren Winterquartieren

zu uns zurück. Ihre Bodennester
bauen sie gut versteckt unter Gras-
büscheln und in Erdverstecken.
Bekannt ist die Lerche wegen ihrem herrlichen Gesang und ihrem
kunstvollen Flugverhalten. Zu ihrer
Nahrung gehören Insekten und Sämereien.

Gimpel

Der Gimpel ist bei uns – bedingt
durch die rot gefärbte Unterseite
der Männchen – auch als Dompfaff
bekannt. Meist ist sein Lebensraum

Singdrossel mit Nachwuchs

Girlitz

der Wald, doch treffen wir ihn auch schon mal öfters in unseren Gärten an, wo er versteckt in dichten Nadelhecken sein Nest anlegt. Dieses wird von den Weibchen alleine gebaut, beim Sammeln von Nistmaterial jedoch immer vom Männchen begleitet, das auf Gefahren achtet. Der Dompfaff hat einen schönen, oftmals auch traurig klingenden Gesang und zählt zu den scheuen Vögeln. Als Jahresvogel kommt er auch im Winter bei uns vor und läßt sich am Futterhaus beobachten. Seine Nahrung besteht meist aus Samen.

Girlitz

Der kleine Girlitz gehört zur Familie der Finken. Obwohl seine ursprüngliche Heimat der Mittelmeerraum war, ist er in den letzten Jahrzehnten vermehrt in unseren Gärten anzutreffen. Im Mai baut der Girlitz sein Nest, vornehmlich in

38

Bäumen und Sträuchern. Zu seiner Nahrung gehören Sämereien aller Art. Im Winter treffen wir ihn schon mal an einer Futterstelle an. Bestände aus nördlichen Gebieten begeben sich ansonsten um diese Zeit auf den Wanderflug in den Süden.

Goldhähnchen

Zu den kleinsten Vögeln unserer Heimat zählen das Sommer- und das Wintergoldhähnchen. Sie gehören zur Familie der Grasmücken und unterscheiden sich durch Farbmerkmale voneinander. Obwohl bisher als Waldbewohner bekannt, ziehen sie in den letzten Jahren auch vermehrt in unsere Gärten ein. Es tut besonders weh zu erleben, wie einer dieser seltenen kleinen Vögel die Beute von streifenden Hauskatzen wird. Ihr kleines Nest aus Moos und Gräsern bauen sie meist in Astgabelungen. Zu ihrer Nahrung gehören viele kleine Insekten und deren Puppen. Im Winter können wir das Wintergoldhähnchen auch an unseren Futterplätzen antreffen.

Goldhähnchen sind leider immer seltener anzutreffen.

Goldammer mit Nestlingen. Für ihre sichere Aufzucht braucht sie dichte Heckenverstecke.

Goldammer

Goldammern gehören zur Familie der Sperlingsvögel. In unseren Gärten fallen sie durch ihren zitronengelben Kopf auf, dessen Farbenpracht im Sonnenlicht aufleuchtet. Ihre Nester bauen sie meist in dichte Hecken und Gebüsche. Dort bringen sie bis zu drei Bruten jährlich zur Welt. Ihre Nahrung besteht aus Insekten, Samen und Beeren. Bekannt sind die Goldammern wegen ihrem schönen Gesang. Auch im Winter kommen sie in unseren Gärten vor.

Haussperling

Es ist ein wenig ruhig geworden um unseren vertrauten Spatz. In früheren Jahren als sogenannter Schädling zum Abschuß freigegeben, steht auch er heute unter Artenschutz. Leider müssen die Wissenschaftler weiterhin sein Schwinden aus unserer Gartenlandschaft

feststellen. Es wird nicht mehr lange dauern, bis sein Verwandter, der Feldsperling, ebenfalls auf der Roten Liste der bedrohten Tiere steht, weil bereits ein rapider Rückgang seiner Population zu verzeichnen ist.
Unser Haussperling ist ein geselliger Vogel, der meist mit vielen seiner Artgenossen zusammenlebt. Sein Nest baut er in Mauerverstecken, und seine Nahrung besteht aus Insekten und Samen. Im Winter treffen wir ihn gerne in dichten Hecken, wo er Schutz vor Kälte und Nässe sucht.

Kernbeißer

Er wird gerne mit dem Buchfink verwechselt. Als scheuer Vogel ist der zur Familie der Finken gehörende Kernbeißer ein seltener Bewohner unserer Gärten. Zu seiner Nahrung gehören Kirschkerne, die er mit seinem kräftigen Schnabel

öffnen kann. Deshalb treffen wir ihn gerne in Obstbäumen an. Im Winter finden sich Kernbeißer auch an unseren angelegten Futterplätzen ein, wo sie Sonnenblumenkerne verzehren.

Meisen

Zu den in unseren Gärten noch am häufigsten vorkommenden Arten zählen wohl die Meisen. Zu dieser Familie gehören unter anderem Blaumeise, Kohlmeise, Sumpfmeise, Haubenmeise, Schwanzmeise sowie Tannenmeise. Untereinander führen sie alljährlich erbitterte Kämpfe um die besten Brutreviere aus, die sie sich gegenseitig streitig machen. Bereits Ende April haben sie die ersten Jungen in ihrem Nest.
Kaum eine Vogelart ist so zutraulich wie die Meisen. Ihre Nahrung besteht in der Hauptsache aus Insekten, die sie sich mühsam auf unseren Obstbäumen suchen und reichlich verzehren, weshalb sie gerne gesehen sind. Als Jahresvogel treffen wir sie auch im Winter in unseren Gärten auf der Suche nach Nahrung an.

Rotkehlchen

Obwohl das Rotkehlchen zu den Waldvögeln zählt, ist es regelmäßig in unseren Gärten anzutreffen. Sein Nest baut es gerne in dichten Büschen und Hecken. Obwohl sehr scheu, kann es auch zutraulich werden und auf Terrassen und Balkonen seinen Nistplatz einrichten. Zu seiner Nahrung gehören Insekten, Larven und Würmer. Rotkehlchen zählen zu den Teilziehern, kommen aber auch im Winter bei uns vor.

Kohlmeise mit Jungen. Vor dem Menschen
kennen sie fast keine Scheu.

Rotschwanz

Die beiden engen Verwandten, Hausrotschwanz und Gartenrotschwanz, leben häufig in unseren Gärten oder sogar in unseren Häusern. Während der Gartenrotschwanz sein Nest meist in Bäumen, Sträuchern oder Nistkästen baut, zieht der Hausrotschwanz gerne in Garagen, Kellern oder sonstigen Räumen ein und brütet dort, ohne große Scheu vor uns Menschen. Mittlerweile sind diese liebenswerten Vögel, übrigens leicht an ihrem rostroten Schwanz erkennbar, in ihrem Bestand bedroht und stehen auf der Roten Liste.

Als Zugvogel überwintert der Gartenrotschwanz in Afrika und arabischen Ländern, wogegen der Hausrotschwanz meist im südlichen Europa überwintert.

Oben: Nest des Hausrotschwanzes.
Unten: Rauchschwalbe mit Jungen.

Schwalben

Zu den bei uns Menschen lebenden Schwalbenarten gehören die Mehl- sowie Rauchschwalbe. Alljährlich kommen sie, meist im April/Mai, aus ihren Winterquartieren in Afrika zu uns zurück, um hier zu brüten. Während die Rauchschwalben ihre Nester gerne in Stallungen bauen, bevorzugen ihre Verwandten, die Mehlschwalben, gerne die Außenwände von Häusern, an die sie ihre kunstvollen Nester aus Lehm und nasser Erde kleben.

Während dies in früheren Jahren eine Selbstverständlichkeit war und die Menschen sich darüber freuten, kommt es heute wieder vor, daß die Nester abgeschlagen werden. Zum einen ist dies verboten, und gegen den herabfallenden Kot der Tiere kann – wenn es stört – ganz leicht mit einem unter dem Nest angebrachten Brettchen Abhilfe geschaffen werden. Schwalben sind überaus wichtige Insektenvertilger und verdienen unseren Schutz. Ganz besonders wegen der Tatsache, daß die bei uns in der Nähe von Gewässern brütende Uferschwalbe schon vom Aussterben bedroht ist.

Stare

Sie werden in unserern Gärten nicht gerne gesehen: Besonders in Obst- und Weinkulturen machen sie sich in den Herbstmonaten über die Ernten her, was besonders auffällt, da sie häufig in großen Scharen fliegen. Stare brüten gerne in hohlen Bäumen, aber auch in Nistkästen. Im Garten machen sie sich mit der Vertilgung von Schnecken und Bodeninsekten nützlich. Als Teilzieher überwintert er in West- und Südeuropa, kommt aber auch im Winter bei uns vor.

Stieglitz

Er zählt wohl mit zu den schönsten heimischen Vogelarten, weshalb ihm auch heute noch immer von Vogelfängern nachgestellt wird. Sein Nest baut er gerne in hohen Bäumen. Im Winter treffen wir ihn in naturnahen Gärten an, wo er nach Samen von Disteln und Wilder Karde sucht. Deshalb ist er auch bei uns unter dem Namen Distelfink bekannt.

Zaunkönig

Dort, wo unsere Gärten verwildert sind und sich viele Verstecke in Form von alten Holzhaufen und

Hecken befinden, dort ist auch
noch der kleine Zaunkönig zu Hause und führt ein meist verborgenes
Leben. Hier baut er auch sein
meist kugelrundes Nest. Zu seiner
Nahrung zählen Insekten und kleine Raupen. Er kommt im Winter oft
bei uns vor, zieht aber auch teilweise in den Süden.

Stieglitz, wegen seiner Vorliebe für Distel-
samen auch Distelfink genannt.

Eulen

Auch unsere heimischen Eulenarten zählen zu den Bewohnern unserer Haus- und Gartenlandschaft; es kommt gar nicht so selten vor, daß sich eine Eule auf einem offenstehenden Dachboden ansiedelt und dort ihren Nistplatz baut.

Zu den bei uns lebenden Eulen gehören: Schleiereule, Sumpfohreule, Steinkauz, Sperlingskauz, Rauhfußkauz, Uhu, Waldkauz und Waldohreule. Sie durchstreifen in der Nacht unsere Gärten auf der Suche nach Nahrung, die meist aus Mäusen und anderen Kleintieren be-

steht. Unsere Eulen leiden sehr an der Vergiftung ihrer Nahrungskette, aber auch der moderne Straßenverkehr fordert tausendfach seine Opfer, besonders unter Schleiereulen, die dicht über die Straßen hinwegfliegen. Das ausgedehnte Leitungsnetz der Energieversorger, das unser ganzes Land durchzieht, wird ebenfalls häufig zur Todesfal-

le. Mittlerweile gehen Stromunternehmer wie RWE dazu über, in bekannten Brutgebieten ihre Strommasten gegen spannungsführende Kontakte abzusichern. Eulen, die sich auf dem Dachboden ansiedeln, bedeuten für den Menschen keinerlei Gefahr, und ihre Duldung heißt aktiven Artenschutz zu betreiben.

Auch Waldohreulen finden sich gelegentlich in unseren Gärten zum Beutefang ein.

Brutverhalten der heimischen Vögel

Art:	Nistort:	Brutdauer:	Brutzeit:
Amsel	Baum, Hecken	14 Tage	März – Juli
Bachstelze	Baum, Hecken	14 Tage	April – August
Buntspecht	Baumhöhlen	13 Tage	Mai – Juni
Buchfink	Baum	13 Tage	April – Juni
Dompfaff	Baum	14 Tage	April – August
Elster	Baum	18 Tage	März – April
Feldlerche	Boden	14 Tage	April – Juli
Gartengrasmücke	Hecken	14 Tage	Mai – Juli
Gartenrotschwanz	Baum, Boden	14 Tage	Mai – Juli
Grünling	Gebüsch	14 Tage	April – August
Goldammer	Boden, Hecke	14 Tage	April – August
Habicht	Baum	35 Tage	Mai – Juni
Hausrotschwanz	Gebäude	14 Tage	April – Juli
Haussperling	Gebäude	14 Tage	März – August
Hänfling	Baum, Hecke	14 Tage	April – August
Heckenbraunelle	Hecke, Boden	12 Tage	April – Juni
Kernbeißer	Baum	14 Tage	April – Juni
Kleiber	Baumhöhlen	15 Tage	April – Juni
Kohlmeise	Baum	14 Tage	April – Juni
Mehlschwalbe	Gebäude	13 Tage	Mai – August
Neuntöter	Büsche	15 Tage	Mai – Juni
Rauchschwalbe	Stallungen	16 Tage	Mai – August
Rotkehlchen	Boden	15 Tage	April – Juli
Singdrossel	Baum, Strauch	13 Tage	April – Juli
Star	Baumhöhlen	14 Tage	April – Juni
Stieglitz	Baum	14 Tage	April – September
Schleiereule	Gebäude	28 Tage	April – Mai
Uferschwalbe	Lehmwände	16 Tage	Mai – August
Uhu	Baum, Boden	28 Tage	April
Wacholderdrossel	Baum, Boden	14 Tage	April – Juli
Wespenbussard	Baumnest	30 Tage	April – Mai
Wintergoldhähnchen	Heckennest	16 Tage	April – Juni
Zaunkönig	Boden	16 Tage	April – Juni
Zeisig	Baum	14 Tage	April – Juli

Die Angaben über die Brutdauer sind abhängig von Wetter- und Temperatureinflüssen der Jahreszeit. Viele unserer Vögel nutzen mittlerweile auch die Nistmöglichkeiten in der Nähe des Menschen, sei es in Brief- oder Zeitungskästen, Blumentöpfen auf Terrassen, oder sogar in leerstehenden Wohnräumen oder unter den Motorhauben abgestellter Autos.

Der Vogelgesang

Besonders in den Frühjahrsmonaten wird uns Menschen die Vielzahl der Vogelrufe deutlich. Bereits in den ersten Stunden des neuen Tages lassen einige ihren Gesang erklingen. Um 2 Uhr morgens kann man schon Braunkehlchen, Feldlerche, Gartenrotschwanz oder Schwalben vernehmen. Nach und nach fallen dann alle anderen Vögel ein. Es sind die Vogelmännchen, die am eifrigsten ihre Stimme erheben. Ihre Rufe, die wir Menschen als Gesang verstehen, zeigen den Tieren aber untereinander ihre Reviere an. Außerdem dienen sie der Partnersuche und der Verständigung mit dem Partner bei der Brutaufzucht. Bei aufmerksamem Zuhören sind die Laute der Vögel leicht zu deuten. Oftmals gelten sie auch uns Menschen, wenn wir zum Beispiel bei der Gartenarbeit zu nahe an ein Nest kommen, oder ganz einfach, wenn sie uns um Futter anbetteln.

Besonders fallen uns am Tage und in den Abendstunden die Amseln auf, die bei Gefahr, zum Beispiel durch anschleichende Katzen, durchdringende, langandauernde Warnrufe ausstoßen. Eine besondere Eigenart zeigen die Vögel, wenn sie sich bei Annäherung von Raubvögeln wie Uhu oder Habicht miteinander verbünden. Dabei können sich Hunderte von Vögeln zusammentun und mit ihren Rufen den Feind so nerven, daß er davonfliegt.

Naturschutz: Rechte und Pflichten für den Hobbygärtner

Wer heute mit viel Liebe und Begeisterung seinen Garten als Naturoase für unsere einheimischen Tiere und Pflanzen gestalten will, der muß bedenken, daß dies von seiner Umgebung vielleicht nicht so gerne gesehen wird. Leider berichtet die Presse immer wieder von Fällen, wo Nachbarn vor Gericht ziehen, weil im Garten nebenan Frösche quaken oder Hähne schreien, weil man sich durch ein Hornissennest bedroht fühlt oder ganz einfach Ärger über eine Blumenwiese da ist, weil ja dadurch Samenflug auf den geliebten Rasen möglich ist.

Die tierfreundliche Gartengestaltung auf eigenem Grund und Boden sollte nicht auf einer lebenslangen Feindschaft mit dem andersdenkenden Nachbarn begründet werden, was mancherorts aber nur sehr schwer zu umgehen ist. Um selber keine rechtlichen Nachteile zu erfahren, sollte man deshalb einige Gesetze kennen und beachten.

Rechte und Pflichten bei Handlungen in Haus und Garten leiten sich aus folgenden gesetzlichen Grundlagen ab:

- dem Bürgerlichen Gesetzbuch (BGB)
- dem Nachbarrechtsgesetz
- dem Landespflegegesetz (LPflG)
- dem Abfallbeseitigungsgesetz (AbfG)

Die Ausführungsbestimmungen der einzelnen Gesetze sind je nach Bundesland verschieden. Die nachfolgend beispielhaft genannten Angaben sind auf das Bundesland Rheinland-Pfalz zutreffend. Bitte erkundigen Sie sich über die in Ihrem Bundesland geltenden Regeln selbst.

Wenn ein Hornissennest den Nachbarn bedroht, kann es Streit geben.

Grenzabstände für Bäume und Sträucher zum Nachbargrundstück (Rheinland-Pfalz)

Anpflanzung:	Grenzabstand:
Hecken bis 1,0 m Höhe	0,25 m
Hecken bis 1,5 m Höhe	0,50 m
Hecken über 1,5 m Höhe	0,75 m
Beerenobststräucher bis 2 m Höhe	0,5 m
Kernobstbäume	1,5 – 2 m
stark wachsende Bäume	2 m
sehr stark wachsende Bäume	4 m

Der Abstand wird von der Mitte der Hecke, des Strauches oder des Baumes bis zur Grenzlinie gemessen, und zwar an der Stelle, an der die Pflanze aus dem Boden austritt.

Samenflug Obwohl es von einzelnen Gerichten unterschiedliche Rechtsauffassungen zum Thema Samenflug auf ein Nachbargrundstück gibt, ist festzustellen, daß es in keinem Bundesland mehr eine gesetzliche Vorschrift für den Gartenbesitzer gibt, sein Grundstück von »Unkräutern« freizuhalten und deren Samenflug zu verhindern. Entsprechendes gilt auch für die Verbreitung der Samen von Bäumen und Sträuchern.

Laubfall Die Rechtsprechung hierzu ist leider auch noch nicht einheitlich. Grundsätzlich kann aber davon ausgegangen werden, daß Laubfall im Herbst auf ein Nachbargrundstück weder verboten werden kann, noch eine Entschädigungspflicht nach sich zieht.

Gartenteiche Das Anlegen eines Teiches im eigenen Garten bedarf keiner behördlichen Genehmigung. Dies gilt in der Regel für Gartenteiche bis fünfzig Quadratmeter Wasserfläche. Es ist aber verboten, Frösche, Kröten oder deren Laich aus der freien Natur zu entnehmen und in den Teich einzusetzen. Zu Problemen kann es kommen, wenn sich Frösche oder Kröten von alleine ansiedeln und Nachbarn sich durch deren Quaken gestört fühlen. Die Rechtsprechung hierzu ist in Deutschland nicht einheitlich, und es kann zu Schadenersatzansprüchen wegen Ruhestörung kommen.

Schneiden von Hecken und Gebüschen Im privaten Gartenbereich das ganze Jahr über erlaubt. Im Außenbereich ist es in der Zeit vom 1. März bis zum 30. September verboten, Hecken oder Gebüsche zu roden, abzuschneiden, zurückzuschneiden oder abzubrennen.

Verbrennen von Gartenabfällen § 2 AbfG. erlaubt, daß Pflanzenteile, die auf gärtnerisch genutzten Grundstücken außerhalb der bebauten Ortslage anfallen, an Ort und Stelle verbrannt werden dürfen. Hierbei ist ein Mindestabstand von 50 m zu Gebäuden jeder Art und zu öffentlichen Verkehrswegen einzuhalten. Diese Bestimmung gilt nur für Gartenabfälle bis zu drei Kubikmeter. Wer mehr als drei Kubikmeter pflanzliche Abfälle verbrennen will, muß sich bei der ortszuständigen Polizeibehörde eine schriftliche Erlaubnis einholen.

Abflämmen von Wiesen und Feldern § 24 Abs. 2 LPflG verbietet das alljährliche Abflämmen von Wiesen und Stoppelfeldern. Unzählige Kleintiere kommen dabei zu Tode. Leider wird dieses Vergehen von einigen Polizeibehörden als Kavaliersdelikt angesehen.

Das Bundes- naturschutzgesetz

Auch heute kommt es im Garten- bereich noch immer zur Zerstörung von Nestern wildlebender Tiere oder gar zum Abschießen von Sing- vögeln mit dem Luftgewehr. All die- se Handlungen stellen einen Ver- stoß gegen geltende Naturschutz- gesetze dar, die im Bundesnatur- schutzgesetz verankert sind. § 20 f besagt:

(1) Es ist verboten, wildlebenden Tieren der besonders geschützten Arten nachzustellen, sie zu fangen, zu verletzen, zu töten oder ihre Entwicklungsformen, Nist-, Brut-, Wohn- oder Zufluchtsstätten der Natur zu entnehmen, zu beschädi- gen oder zu zerstören. Die glei- chen Bestimmungen des § 20 f gelten auch für wildlebende Pflan- zen der besonders geschützten Arten.
Der Verstoß gegen diesen Para- graphen stellt eine Ordnungswi- drigkeit dar, die mit einem Buß- geld geahndet wird. Gartenbesit- zer, die nicht so tierfreundlich sind, sollten sich vor Augen halten, daß diese Schutzbestimmungen auch für Spatzen und Stare gelten.

Behördenhilfe bei Naturschutzfragen

Auskünfte über die betreffenden Natur- und Artenschutzgesetze bie- ten vor allem zwei Behörden, die auf Kreis- sowie Bezirksebene tätig sind:
- die Kreisverwaltungen, Abtei- lung Untere Naturschutzbehörde;
- die Bezirksregierungen, Abtei- lung Obere Naturschutzbehörde. Hier ist man in der Lage, Ihnen ge- setzliche Bestimmungen zu erklären

und Kontakte zu Naturschutzgrup- pen zu vermitteln. Oder wenn vor Ihrem Haus eine Straße ist, auf der alljährlich Kröten überfahren wer- den: Scheuen Sie sich nicht, diese Behörden um Abhilfe zu bitten. Auch wenn durch Baumaßnahmen Biotope gefährdet werden, dann sind die Beamten dieser Abteilun- gen Ansprechpartner. Naturschutz braucht aufmerksame Bürger, weil es immer wieder vor- kommt, daß gegen geltende Natur- schutzgesetze verstoßen wird, sei es durch die Zerstörung von ge- schützten Schwalbennestern oder von alten Fledermausquartieren. Meist sind es engagierte Tierfreun- de, die dies aufdecken.

Laubfall vom Nachbargrundstück ist im Regelfall als normal hinzunehmen.

Unzählige Lebewesen finden alljährlich den Feuertod beim verbotenen Abflämmen.

Die Rote Liste

Aufgrund von Datenmaterial, das im Auftrag des Ministeri- ums für Ernährung, Landwirt- schaft und Forsten erstellt wird, finden sich in der sogenannten »Roten Liste« die gefährdeten Arten unter unseren einheimi- schen Tieren und Pflanzen wie- der. Die Liste dient der Infor- mation von Öffentlichkeit und Behörden sowie als Entschei- dungshilfe für die Unterschutz- stellung von gefährdeten Tie- ren, aber auch Landschaftstei- len. Die Einteilung von ge- schützten Tieren und Pflanzen erfolgt in der Roten Liste in fol- genden Gruppen:

0 Ausgestorben oder verschollen
1 Vom Aussterben bedroht
2 Stark gefährdet
3 Gefährdet
4 Potentiell gefährdet

Der biologische Garten

In den Tagen unserer Großeltern war die biologische Gartenarbeit das Natürlichste von der Welt. Heute müssen wir uns die Grundlagen erst wieder erarbeiten. »Biologische« Gartenarbeit heißt: Verzicht auf den Einsatz von künstlichen Düngemitteln sowie Insektiziden, Fungiziden und sonstigen chemischen Giften. Biogärtner nutzen die Gegebenheiten der Natur für ihre Gartenarbeit und erzielen damit auch reiche und vor allem gesunde Ernten von Gemüse und Obst.

Die Grundlagen des biologisch gärtnern sind:

Bodenbearbeitung In der Gartenerde sind viele Kleinstlebewesen enthalten. Sie sorgen für gesunde Bodenverhältnisse. Das Umsetzen der Gartenerde mittels Spaten sollte in der Regel unterbleiben, weil dadurch die Lebensräume dieser Organismen empfindlich gestört werden. Die Bodenlockerung sollte man deshalb bevorzugt mit der Grabegabel durchführen.

Düngung Kunstdünger tötet die Bodenlebewesen ab. Humus vom Komposthaufen oder das Düngen mit organischen Stoffen wie Pferdemist tragen zum gesunden Gartenboden bei. Eine weitere Art der biologischen Düngung besteht in der Aussaat von Gründüngungspflanzen wie zum Beispiel Phazelia. Hiermit erfolgt eine gute Durchlockerung sowie eine Nährstoffanreicherung der Gartenerde.

Schädlingsbekämpfung Dies geschieht mittels Förderung der Gartennützlinge sowie Einsatz von Pflanzenjauchen und anderen umweltverträglichen Präparaten.

Mischkulturen Erfahrungen in der Gartenarbeit haben gezeigt, daß sich manche Pflanzenarten im

Wachstum gegenseitig fördern, andere wiederum hemmen. Im Biogarten macht man sich dies zunutze, um mit artangepaßten Pflanzungen gute Ernten zu erzielen.

In den Volkshochschulen werden heute zahlreiche Kurse im Biologischen Gartenbau angeboten. Ein Besuch lohnt sich.

Der Komposthaufen

Das Herz eines biologischen Gartens ist der Komposthaufen. Aus ihm gewinnt der Gartenfreund wertvollen Humus, für den Boden gleichzeitig ein nährstoffreicher Dünger, besser als mineralische Düngemittel, die zudem Geld kosten und mit Nitratauswaschungen unser Grundwasser belasten.

Mischkulturen fördern das Pflanzenwachstum (o.). Humusspender und Lebensraum für viele Tiere: der Komposthaufen (u.).

Unerwünschte Gartenbewohner biologisch vertreiben

Igel nisten gerne in Komposthaufen, deshalb Vorsicht mit spitzen Gabeln!

Außerdem sind Komposthaufen Lebensräume für Würmer, Käfer, Igel, Blindschleichen, Insekten und viele Kleinstlebewesen.

Wer als Haus- und Gartenbesitzer bisher glaubte, ohne einen Komposthaufen auskommen zu können, und seine Gartenabfälle einfach in die Mülltonne entsorgte, wird heute vielfach von den Gemeindeverwaltungen eines Besseren belehrt. Organische Abfälle und Schnittgut aller Art werden schon heute nicht mehr mit dem Müll entsorgt. Das Einfüllen in die Mülltonne wird vielerorts als Ordnungswidrigkeit geahndet.

Standort:

Windgeschützte Gartenecke mit offener Bodenfläche. Sinnvoll ist eine schattenspendende Nachbarschaft von Gehölzen.

Geeignete Stoffe:

- Sämtliche Gartenabfälle wie Laub, Grasschnitt, abgeräumte Blumen, Gemüseabfälle, zerkleinerter Baum- und Heckenschnitt
- Pflanzliche Küchenabfälle wie Kartoffel- und Eierschalen, Tee- und Kaffeesatz, Zwiebel- und Obstabfälle

Zur Kompostierung ungeeignet:

- Fleischabfälle
- Staubsaugertüten mit Inhalt
- Gespritzte Obstschalen von Südfrüchten

Es geht auch ohne Torf

Die Aufklärungsarbeit vieler Naturschutzorganisationen hat uns bewußt gemacht, daß durch den Abbau von Torf aus Hochmooren wertvolle Lebensgrundlagen vieler Pflanzen und Tiere wie Birkhuhn, Kranich oder Sumpfohreule, in den Mooren zerstört werden. Dabei ist erwiesen, daß der Einsatz von Torf im Garten von zweifelhaftem Nutzen ist, weil er praktisch keine Nährstoffe enthält und zur Versauerung der Bodenverhältnisse beiträgt. Zur Durchlockerung des Gartenbodens eignen sich besser Rindenkompost oder Mulchmaßnahmen.

Es ist erst einige Jahre her, da warb ein Hersteller der Chemischen Industrie mit einem herzerweichenden Slogan für das Gift E 605, welches mittlerweile verboten – zu Recht, denn neben der Bodenvergiftung sind auch viele Todesfälle bei Menschen und Tieren durch Pflanzenschutzmittel der E-605-Gruppe zu beklagen – teilweise auch noch heute. Die Anwendung von Giften im Gartenbereich unterliegt mittlerweile zahlreichen Beschränkungen, aber noch immer gibt es genug Gifte auf dem Markt mit verheerenden Wirkungen, die wir erst langsam abzusehen beginnen.

Wer seinen Garten als Refugium für sich und alle darin lebenden Geschöpfe versteht, der wird auch in Kauf nehmen, daß sein Obst nicht immer frei von kleinen Maden sein wird. Werden Pflanzen und Bäume übermäßig befallen, so ist dies ein sichtbares Zeichen für das gestörte Ökosystem im Garten. Eine schnelle Hinwendung zur tierfreundlichen Gartengestaltung wird langfristig Abhilfe schaffen.

Nützliche Tiere für die biologische Schädlingsbekämpfung:

Marienkäfer, Schlupfwespen, Florfliegen, Schwebfliegen, räuberische Gallmücken, Ohrwürmer, Raubmilben, Raubwanzen, Frösche, Kröten, Molche, Blindschleichen, Eidechsen, Salamander, Marder, Wiesel, Spitzmäuse, Igel, Fledermäuse, Vögel.

Damit aber nicht die ganzen Ernten leiden, bis das biologische Gleichgewicht eingestellt ist, hier nur als Beispiel Tips zu einigen Allerweltsschädlingen – sie sollen helfen, auf den Gifteinsatz zu verzichten.

Blattläuse In einen tierfreundlichen Garten gehören auch Blattläuse, so seltsam dies auch klingen mag. Wie sonst sollten unsere geliebten Marienkäfer existieren? Kommt es aber zu einem übermäßigen Befall und bleiben unsere bekannten Helfer zu lange aus, so hilft oft eine Dusche mit gärender Brennesseljauche oder einer Schmierseifenlösung.

Kohlweißling Er gehört zu den Schmetterlingen, die im Garten nicht gerne gesehen werden. Damit er seine Eier nicht auf den Kohl ablegt, sollten Mischkulturen mit Sellerie, Tomaten und stark duftenden Kräutern angebaut werden. Diese werden vom Kohlweißling gemieden. Im übrigen lassen sich die jungen Raupen leicht von den befallenen Pflanzen absammeln, wenn man sie gut beobachtet.

Apfelwickler Dort, wo viele Vögel leben, hat der Apfelwickler kaum eine Chance, sich stark auszubreiten. Beim oftmals praktizierten Anbringen von Leimringen an den Bäumen sollte beachtet werden, daß sich hier leider auch viele Nützlinge verfangen und zugrundegehen. Besser ist es, einen Kragen aus Pappe um den Baum zu legen und regelmäßig zu erneuern. Dieser hindert die Raupen am Klettern, ohne andere Insekten zu töten.

Wühlmäuse Grundsätzlich sollte bei Wühlmäusen auf den Gifteinsatz verzichtet werden, auch wenn sie oftmals sehr schwer aus dem Garten zu vertreiben sind. Erkennbar ist ihre Anwesenheit an den oberirdischen Wühlgängen. Im Fachhandel werden Rohrfallen angeboten, die in die Gänge eingegraben werden. Weiter hilfreich ist das regelmäßige Einbringen von Knoblauchzehen oder Pflanzenteilen von Steinklee, Thuja sowie Wal

Eier und Raupen (u.) des Kohlweißlings (o.) findet man an den Blattunterseiten.

nußblätter. Ob sich Wühlmäuse mittels Ultraschallgeräten vertreiben lassen, ist zweifelhaft.

Nützliche Pflanzen für die biologische Pflanzenstärkung und Schädlingsbekämpfung: Ackerschachtelhalm, Brennessel, Beinwell, Farnkraut, Kamille, Knoblauch, Löwenzahn, Rainfarn, Zwiebeln. Von diesen Pflanzen läßt sich jeweils eine Jauche (J), eine Brühe (B), ein Tee (T) oder ein Kaltauszug (K) gegen verschiedene Schädlinge ansetzen, die dann verdünnt auf die befallenen Pflanzen aufgesprüht wird. Als Insektenschutz sind eher die Kaltauszüge anzuwenden, wobei diese in vielen Fällen dreimal wiederholt verabreicht werden müssen.

Pflanzenpräparate zur Stärkung der Widerstandskraft von Gartenpflanzen

Pflanze (Jauche/Brühe/Tee/ Kaltauszug)	Herstellung (Pflanzenmasse pro Wassermenge)	Anwendung gegen/für
Ackerschachtelhalm (B, K)	1 kg / 10 l (5fach verdünnen)	gegen Pilze, Spinnmilben, Lauchmotte
Brennessel (J, K)	1 kg / 10 l (10fach verdünnen)	Pflanzenwachstum, gegen Insekten
Beinwell (J)	0,5 kg / 10 l (unverdünnt)	Pflanzenwachstum
Farnkraut (J,B)	5 kg / 10 l (unverdünnt)	gegen Läuse, Insekten
Kamille (K,T)	50 g / 1 l (wie Teeaufguß)	Pflanzenwachstum
Knoblauch (J,T)	500 – 700 g / 10 l (10fach verdünnen)	Pflanzenwachstum gegen Pilze und Bakterien
Löwenzahn (J, B)	2 kg / 10 l (unverdünnt einsetzen)	Pflanzenwachstum
Meerrettich (Wurzeln u. Blätter) (B)	300 g / 10 l (unverdünnt in die Obstbaumblüten)	gegen Monilia
Rainfarn (B, K)	3 kg / 10 l (unverdünnt)	Bodenschutz, gegen Insekten
Wermut (B)	1 kg / 10 l (unverdünnt einsetzen)	gegen Blattläuse, Milben
Zwiebeln (T)	500 – 100 g / 10 l	gegen Blattläuse, Milben, Pilze

Die Gewichtsangaben beziehen sich auf frisches Pflanzenmaterial.

Herstellung von Pflanzenjauchen

Geeignete Gefäße sind alte Holzfässer oder Plastikbottiche. Die Pflanzen sollte man kurz vor der Blüte sammeln. In der Regel verwendet man 1 kg Pflanzenteile auf 10 Liter Wasser und verschließt den Behälter luftdurchlässig mit einem Deckel. Um Geruchsbelästigung zu vermeiden, sollte der Behälter in einer windgeschützten Ecke stehen. Nach 14 Tagen, wenn der Gärungsprozeß beendet ist und das ganze nicht mehr schäumt, kann die fertige Pflanzenjauche verwendet werden. Vor dem Einsatz muß sie aber etwa fünffach verdünnt werden.

Herstellung von Brühen

Pflanzenbrühen stellt man her, indem man den wie oben angesetzten Sud nach 2 Tagen aufkocht und nach dem Abkühlen verwendet.

Herstellung von Kaltauszügen

Pflanzenmaterial je nach Außentemperatur 12 – 24 Stunden im Wasser ziehen lassen (darf nicht gären), dann auf die befallenen Pflanzen aufsprühen.

Herstellung von Tee

Zerkleinerte Pflanzenteile mit brühendem Wasser übergießen, 10 – 15 Minuten ziehen lassen und absieben.

Beinwell eignet sich zur Bereitung wachstumsfördernder Jauchen.

Ein Wort
zu den Schnecken

Im Garten finden sich zwei Formen von Schnecken ein: Gehäuseschnecken, zu denen auch die geschützte Weinbergschnecke gehört, sowie Nacktschnecken, die im Gegensatz zu den Gehäuseschnecken großen Schaden an Pflanzenkulturen anrichten können. Bei der Bekämpfung von Schnecken sollte auf keinen Fall zum sogenannten Schneckenkorn gegriffen werden. Es steht weiterhin im Verdacht, in die Nahrungskette der Igel zu gelangen und für deren häufigen Tod verantwortlich zu sein, weil Igel ja die Nacktschnecken verzehren. Am besten ist es, die Beete regelmäßig zu kontrollieren und die Schnecken einzusammeln. Besonders erfolgreich ist dies, wenn Lockstellen angelegt werden, zum Beispiel mit Salatblättern. Von Biogärtnern wird weiter das Einfassen der Beete mit Sand oder

Sägemehl empfohlen. Im Fachhandel werden sogenannte Schneckenzäune angeboten, mit denen sich die Pflanzungen wirksam schützen lassen.

Wer in seinem Garten das Mulchen praktiziert, wird feststellen, daß sich unter feucht ausgebrachtem Pflanzmaterial gerne Schnecken aufhalten. Deshalb sollte das Mulchmaterial immer gut durchgetrocknet sein, bevor es ausgebracht wird. Beipflanzungen mit Kräutern wie Salbei oder Thymian helfen, Schnecken zu vertreiben. Sie sollten aber bedenken, daß die Weinbergschnecken zu den nützlichen Tieren zählen, weil sie sich in erster Linie von verfaulten Blättern und sogar von den Eiern der Nacktschnecken ernähren, die diese im Gartenboden hinterlassen.

Die Rote Wegeschnecke ist einer der ärgsten Widersacher des Gärtners.

Ein Garten
für Mensch und Tier

Blumenwiese aus Menschenhand

Beim Anblick der gepflegten Rasenflächen in unseren Gärten offenbart sich die Not der Fluginsekten, wie Bienen, Hummeln und Schmetterlinge. Eine erfreuliche Aktion startete deshalb die Zeitschrift *Ein Herz für Tiere* in Zusammenarbeit mit der Samenfirma Sperling. Im Gartenfachhandel gibt es deshalb fertige Wildblumen-Mischungen, die für unsere Schmetterlinge neue Lebensgrundlagen bieten und deren Farbenpracht jeden Menschen erfreut. Beim Kauf von Samen für Blumenwiesen sollten Sie auf Markenqualität achten. Folgende Pflanzensamen können auf offenen Beeten eingesät werden:

Adonisröschen, Bienenfreund, Borretsch, Duftsteinrich, Esparsette, Färberkamille, Fuchsschwanz, Roter Fingerhut, Kornrade, Kornblumen, einj. Lupinen, Mohn, Natternkopf, Vergißmeinnicht.

Leider handelt es sich bei diesen Arten meist um einjährige Blumen, so daß immer wieder auf offenem Boden nachgesät werden muß. Dauerhafter ist es, mehrjährige Blumen zu säen, die später einen geschlossenen Bestand bilden, wie zum Beispiel Dost, Flockenblume, Katzenpfötchen, Kuckuckslichtnelke, Margerite, Natternkopf, Wiesen-Storchschnabel, Hornschotenklee oder Wiesenkerbel. Die Auswahl muß sich jedoch vor allem an den Standorteigenschaften orientieren. Verschiedene Blumenwiesen-Spezialisten können darüber sachkundige Auskunft geben.

Voraussetzung für ein gutes Gedeihen der ausgebrachten Blumensamen ist zuerst einmal eine gründliche Bearbeitung der Grasnarbe. Am besten ist es, diese weitestgehend abzutragen. Beim Zwischensäen von Wildblumensamen auf jahrelang gedüngte Rasenflächen wird sich nur spärliches Wachstum der Blumen einstellen. Die beste Aussaatzeit ist je nach Gebietslage April bis Juni, wobei der Samen 1 – 2 cm untergearbeitet und ständig gut feucht gehalten werden muß. Es dauert einige Jahre, bis sich die ganze Farbenpracht aller Pflanzen zeigt. Blumenwiesen brauchen keine Pflege, müssen aber mindestens einmal im Jahr gemäht werden.

Artenreiche Blumenwiesen sind Naturoasen. Auch sie brauchen Pflege.

Lebensraum Gartenteich

In Anbetracht der fortschreitenden Verschmutzung unserer natürlichen Gewässer, der Bäche, Flüsse und Seen, ist es heute kein Luxus mehr, sich in seinem Garten einen Teich anzulegen. Im Gegenteil, hier werden für die Tierwelt, für Frösche, Kröten, Molche, Libellen, aber auch

für die Pflanzenwelt neue Lebensgrundlagen geschaffen, die in der freien Natur immer seltener werden. Die Größe eines Gartenteiches sollte nach dem vorhandenen Platz berechnet werden. Vor zeit- und kostenaufwendigen Erdarbeiten ist es ratsam, sich in einem Gartenfachmarkt über die vorhandenen Möglichkeiten zu informieren. In den

letzten Jahren werden verstärkt Fertigteiche angeboten, die das Anlegen eines Feuchtbiotops erleichtern. Folgende Faustregeln sollten Sie unbedingt beachten:

Teichfolien Zu empfehlen sind ECB-Folien (Ethylen-Copolymerisat-Bitumen) mit einer Stärke von etwa 2,0 mm für schwierige Untergrundverhältnisse, mit Wurzeldruck oder

Gartenteiche werden schnell zur Heimstatt für viele Tiere.

Wurzelsubstrat

Teichfolie

Sandschicht

steinigem Boden sowie PVC-Folien (Poly-Vinyl-Chlorid) mit einer Stärke von 0,8 – 1 mm für normale Bodenverhältnisse. Kaufen Sie außerdem nur Folien, die frei von Cadmium, Blei, Barium oder Zink sind und keine Regenerate enthalten. Um die Teichfolien vor Beschädigungen zu schützen, ist es sinnvoll, vor deren Einbringung die Teichgrube mit einer Sandschicht und einem Vliesnetz auszukleiden.

Lage Zumindest Ost-West-Lage, halb Sonne, halb Schatten.

Größe Abhängig von den vorhandenen Platzverhältnissen. Die Erfahrung zeigt jedoch: Je größer der Teich, umso besser die Voraussetzungen für sein biologisches Gleichgewicht.

Tiefe 100 cm – das ist wichtig für Tiere, die im Wasser überwintern, wie Fische, Larven von Libellen sowie Molche.

Wassermenge Mindestens 400 Liter für jeden Quadratmeter Wasseroberfläche.

Bepflanzung Wasserpflanzen für Gartenteiche sind heute in fast jedem Gartencenter erhältlich. Sie erfüllen wichtige Aufgaben als Sauerstoffproduzent für Tiere und Kleinstlebewesen im Teich und sorgen für einen geregelten Temperaturhaushalt. Hier einige wichtige Beispiele:

Uferpflanzen: Binse, Pfennigkraut, Blutweiderich, Wasserdost, Nelkenwurz, Wiesenknöterich.

Pflanzen für flaches Wasser: Igelkolben, Pfeilkraut, Rohrkolben, Sumpf-Schwertlilie, Sumpfdotterblume.

Schwimmpflanzen: Froschbiß, Krebsschere, Schwimmendes Laichkraut, Dreifurchige Wasserlinse.

Unterwasserpflanzen: Frühlingswasserstern, Hornblatt, Kammförmiges Laichkraut, Nadelsimse, Tausendblatt, Wasserschlauch.

Füllmaterial Kies, gewaschener Sand, ungedüngte Teicherde aus dem Fachhandel.

Wasser Leitungs- und Regenwasser sind grundsätzlich zum Auffüllen des Gartenteiches geeignet. Dabei ist darauf zu achten, das Wasser langsam einlaufen zu lassen, am besten über eine Gießbrause, weil so angereichertes Chlor aus dem Leitungswasser ausgetrieben wird. Verschmutztes Regenwasser wird am besten erst gefiltert.

Reinigung Wichtig ist es, abgestorbene Pflanzenteile, Laub sowie Algen regelmäßig zu entfernen. Teichwasser nie ohne wichtigen Grund wechseln! Gegen Algen helfen neben den Reinigungsmaßnahmen Wasserflöhe sowie Teichmuscheln aus dem Fachhandel. Im

Leider können Tiere in künstlichen Teichen ertrinken. Eine Ausstiegsleiter kann helfen.

Herbst empfiehlt es sich, den Teich mit einem Netz gegen Laubeinfall zu schützen.

Winterschutz Für Tiere, die im Teich überwintern, ist es wichtig, daß auch bei Frost Sauerstoff an das Wasser gelangen kann. Es gibt verschiedene Möglichkeiten, einen Teich am Zufrieren zu hindern. Die einfachste ist es, einen sogenannten Eisfreihalter aus Styropor auf der Wasseroberfläche schwimmen zu lassen.

Zum Schluß müssen Sie sich darüber klar werden, daß Goldfische nicht in Ihren Gartenteich gehören, wenn Sie Wildtiere ansiedeln wollen. Auch sollten Sie bedenken: Wenn Molche, Frösche und Libellen Ihren Gartenteich als neue Heimat angenommen haben, darf dieser nicht mehr so ohne weiteres entfernt werden. Sie würden damit Brut- und Wohnstätten artgeschützter Tiere zerstören, und dies ist nun mal verboten.

Doppelseite 60/61:

Naturfreundliche Gartengestaltung bietet Lebensraum für eine reichhaltige Tierwelt. Im biologischen Gemüsegarten stellt sich ein Gleichgewicht zwischen nützlichen und schädlichen Insekten ein.

Am Gartenteich werden schnell die ersten Libellen einziehen. Frösche und Molche folgen bald nach.

Die Natursteinmauer wird zum Jagdrevier wärmeliebender Tiere wie der Eidechsen.

Auf der Blumenwiese tummeln sich Bienen, Hummeln, Schmetterlinge und viele andere Insekten.

Im Reisighaufen fühlen sich Igel und Spitzmaus wohl.

Bäume spenden Obst und Schatten und bieten Nistplätze für Vögel.

Von der Terrasse aus erfreut sich der Mensch an den Naturbeobachtungen.

Eine Mauer aus Natursteinen speichert Wärme und bietet Unterschlupf.

Wir bauen eine Natursteinmauer

Für viele Tierarten, wie Blindschleichen, Eidechsen, Molche, Kröten und Insekten, schwinden in unseren Gärten immer mehr die Lebensgrundlagen. Eine kleine Mauer aus Natursteinen mit ihren Winkeln, Ritzen und Hohlräumen, bietet vielen dieser Tiere Unterschlupf und Lebensraum.

In den Steinen speichert sich die Wärme der Tagessonne, und mit einer entsprechenden Bepflanzung bieten sie im Garten einen naturbezogenen Anblick, der sich in das Landschaftsbild besser einfügt als eine Betonstützmauer. Geeignete Steine finden sich oft in alten Steinbrüchen oder an Ackerrändern, wo sie von den Landwirten abgelegt wurden. Mittlerweile werden Natursteine aber auch in Baumärkten angeboten. Flußsteine dürfen nicht ohne weiteres eingesammelt werden. Bei größeren Mengen ist eine Erlaubnis beim Wasserwirtschaftsamt einzuholen.

Beim Aufbau hoher Mauern ist auf ein gutes Fundament und ein sachgerechtes Zusammenfügen zu achten, damit Mauerteile nicht umstürzen und Kinder oder Tiere verletzen. Erdhöhlen, die unter einer Bruchsteinmauer gegraben bzw. offengelassen werden, sollten so angelegt sein, daß sich kein Regenwasser darin sammeln kann. Sie wären sonst als Nistmöglichkeiten für Tiere ungeeignet.

Zur Bepflanzung der Natursteinmauer eignen sich unter anderem Gänsekresse (*Arabis caucasica*), Mauerpfeffer (*Sedum acre*/gelb, *Sedum album*/weiß), Mauerraute (*Asplenium ruta-muraria*), Zimbelkraut (*Cymbalaria muralis*). Zur Anpflanzung am Mauerfuß eignet sich besonders gut die Katzenminze (*Nepeta cataria*), die gerne von Bienen und Hummeln aufgesucht wird.

Der Reisighaufen

In den Herbst- und Frühjahrsmonaten fallen bei der Gartenarbeit, besonders beim Beschneiden von Bäumen und Hecken, große Mengen von Zweigen und Ästen an. In einem naturnahen Garten ist es wichtig, diese nicht alle zu entsorgen, sondern einen Teil in einer Gartenecke zu einem Haufen aufzuschichten und sich selber zu überlassen. Dieser Reisighaufen wird ganz schnell zur Lebensoase für zahlreiche Tiere werden. Gerade Igel oder der Zaunkönig brauchen solche Schlupfwinkel, um heimisch zu werden. Hier finden sie Schutz und Nistmöglichkeiten, und durch die sich rasch einstellenden Insekten auch eine wichtige Nahrungsquelle. Wen der »unordentliche«

Anblick stören sollte, der kann in diesem Gartenbereich eine Hecke anpflanzen, die nicht nur Sichtschutz bietet, sondern auch für viele Vögel Brutgelegenheit und Nahrung bietet.

Eine Brennesselecke

Zu den wohl bedeutsamsten Wildpflanzen in unseren Gärten zählt die Brennessel. Sie ist eine wichtige Lebensgrundlage für viele Tiere, aber auch Nahrung und Heilpflanze für den Menschen. Vielfältig ist ihr Einsatz in Haus und Garten. Und doch gibt es zahllose Gartenbesitzer, die sie als Unkraut betrachten und ihr mit Vernichtungsmitteln nachstellen.

Brennesseln gehören zur Familie der Nesselgewächse. Ihr bevorzugter Standort im Garten ist humus- und nährstoffreicher Boden, weshalb es sich anbietet, die Brennesselecke in der Nähe des Komposthaufens anzulegen. Samen oder Wurzeln hierzu gewinnt man aus der Natur, oder man besorgt sie im Fachhandel. Für viele Schmetterlingsarten bedeuten die Brennesselpflanzen Kinderstube und Nahrungsraum: Admiral, Kleiner Fuchs und C-Falter legen hier ihre Eier

Links: Reisighaufen sind Lebensräume.
Rechts: Ohne Brennesseln können viele Tierarten nicht existieren.

ab. Die daraus schlüpfenden Raupen sind auf die Nahrungspflanze angewiesen. Für uns Menschen lassen sich Brennesseln zu vitaminreichem Gemüse und Salat verarbeiten. Ein Tee, aus getrockneten Blättern gewonnen, zeigt vielfältige Heilwirkungen. Und für den Gartenbau eignet sich Brennesseljauche als rasch wirksame und nährstoffreiche Flüssigdüngung.

Von der Raupe zum Schmetterling

Beim Anblick der Farbenpracht unserer Schmetterlinge erschließt sich uns Menschen die zauberhafte Welt der Natur. Vor Jahrzehnten waren sie noch selbstverständliche Bewohner unserer Wiesen und Gartenlandschaft. Heute sind die meisten Arten in das Verzeichnis der Roten Liste aufgenommen und es ist schon ein kleines Wunder, einen der selten gewordenen Arten wie den Schwalbenschwanz anzutreffen. Schmetterlinge im Garten zu fördern ist ganz einfach – aufgewendete Maßnahmen werden schnell belohnt! Wichtig ist es, die Futterpflanzen der Schmetterlingsraupen zu erhalten und zu fördern:

Schmetterlingsart:	Futterpflanzen der Raupen:
Admiral	Brennessel, Wilde Möhre
Aurorafalter	Wiesenschaumkraut
Abendpfauenauge	Holzapfel
Apollofalter	Fetthenne, weiße
Bläuling, Ideas	Klee, Sanddorn
C-Falter	Brennessel
Fuchs, Großer	Laubbäume
Fuchs, Kleiner	Brennessel
Hauhechelbläuling	Klee
Heufalter, Gemeiner	Klee
Kaisermantel	Veilchen
Landkärtchen	Brennessel
Ligusterschwärmer	Liguster
Nachtpfauenauge, Großes	Feldahorn
Nachtpfauenauge, Kleines	Schlehe
Ochsenauge	Gräser
Purpurwidderchen	Ginster, Klee, Thymian
Segelfalter	Felsenbirne, Felsenkirsche
Schachbrett	Gräser
Schornsteinfeger	Gräser
Tagpfauenauge	Brennessel
Trauermantel	Weiden, Birken
Waldbläuling, Violetter	Klee
Zitronenfalter	Faulbaum, Kreuzdorn

Dort, wo unsere Schmetterlinge diese Pflanzen vorfinden, bestehen auch Lebensgrundlagen für ihr Weiterbestehen. Die Raupen des Schwalbenschwanzes, wohl einer unserer schönsten Schmetterlinge, findet man häufig auf der Wilden Möhre, die auf Magerwiesen oder an Wegerändern anzutreffen ist. Auf diese Pflanze legt der Schmetterling seine 1 mm großen, kaum sichtbaren Eier, aus denen nach etwa 10 Tagen die kleinen Raupen schlüpfen. Auf-

Schmetterlingsraupe des Kleinen Fuchses auf einer Brennesselpflanze.

grund ihrer außerordentlich großen Fraßleistung vertausendfacht sich ihr Gewicht in nur zwei Wochen. Da ihre Haut nur begrenzt dehnbar ist, häuten sie sich in dieser Zeit bis zu fünf Mal. Zur endgültigen Verpuppung verlassen die Raupen dann ihre Futterpflanze und suchen einen geschützten Ort auf. An einem Ast oder Pflanzenstengel spinnt die Raupe einen Haltefaden und verpuppt sich dann in einem oft nur wenige Minuten dauernden Vorgang. Je nach Jahreszeit schlüpft aus dieser Puppe, wenn sie nicht von ihren vielen Feinden wie der Schlupfwespe entdeckt wurde, nach Tagen oder sogar erst Monaten wieder ein Schwalbenschwanz-Schmetterling. Meist sind es die Strahlen der Maisonne, von der die Puppen des Schwalbenschwanzes zum Leben erweckt werden. Ihre Schlupfbereitschaft erkennen wir am Durchschimmern der schwarzgestreiften Flügel. Der eigentliche Vorgang vom Aufspringen der Puppenhülle bis zum Herausschlüpfen des Schmetterlings dauert nur wenige Minuten. Es ist ein sehr kräftezehrender Prozeß, und die Tiere sind in diesem Moment für Störungen sehr anfällig. Beobachtungen sollten daher nur aus großem Abstand erfolgen.

Der Entwicklungskreislauf des Schwalbenschwanzes: Die Raupe verpuppt sich, kurz vor
dem Ausschlüpfen scheinen schon die Flügel
durch. Nach dem Trocknen an der Sonne
entfaltet sie der Schmetterling zu ihrer vollen
Schönheit.

Das Kräuterbeet als Naturoase

Im Zeitalter der »modernen« Küche sind sie fast ein wenig in Vergessenheit geraten, oder nur noch als Trockenprodukte aus der Dose bekannt: unsere Kräuter. Erfreulicherweise aber baut man sie jetzt wieder häufiger in unseren Gärten an. Zum einen tragen sie zur vitaminreichen und gesunden Ernährung bei. Gleichzeitig bietet ihre Anpflanzung einen vielfältigen Lebensraum für Insekten und andere Tiere, wie z. B. Bienen, Hummeln, Blindschleichen, Eidechsen, Salamander, Frösche und Kröten. Neben dem normalen Kräuterbeet fügt sich eine Kräuterspirale sehr

Erdhummel

Zaunkönig

Brauner Bär

Hauhechel-Bläuling

Smaragd-eidechse

Marienkäfer

Wechselkröte

66

gut in einen Naturgarten ein. Besonders für die trockenheits- und wärmeliebenden südländischen Arten bietet sie hervorragende Wachstumsgrundlagen. Zu ihrem Bau eignen sich besonders Natursteine, aber auch fertige Rundelemente aus Bimsmaterial, die im Baufachhandel angeboten werden. Letztere brauchen nur noch mit Erde verfüllt zu werden und sind somit sofort zur Bepflanzung fertig. Schöner sind natürlich Natursteine, die vermörtelt, aber noch besser einfach lose zu einer Spirale aufgeschichtet werden können. Zwischen den Windungen wird mit Erde aufgefüllt. In den Mauerzwischenräumen können sich außerdem Kleintiere ansiedeln. Wichtig ist es, einen sonnigen Standort zu wählen, damit sich die Wärme in den Steinen speichert und somit zum Pflanzenwachstum beiträgt. Ein an der Südseite der Spirale gelegener Teich oder aber auch ein eingegrabener Bottich bietet Lebensraum für wasserliebende Kräuter und verstärkt die Wärmestrahlung.

Folgende Kräuter eignen sich gut für Küche und Haushalt sowie teilweise als Nahrungsquelle für Wildtiere; dabei ist es aber wichtig, die Pflanzen auch blühen zu lassen, um zum Beispiel Bienen und Hummeln als Futter dienen zu können:

> Anis, Basilikum, Beinwell, Bohnenkraut, Dill, Dost, Estragon, Gewürzfenchel, Kamille, Kerbel, Knoblauch, Lavendel, Liebstöckel, Melisse, Majoran, Petersilie, Pfefferminze, Rosmarin, Salbei, Schnittlauch, Thymian, Ysop.

Bei der Bepflanzung der Kräuterspirale sollten Sie darauf achten, daß die verschieden groß wachsenden Pflanzen genug Freiraum haben und sich nicht gegenseitig im Wachstum hemmen.

Gefahr für Tiere bedeuten solche Lichtschächte: immer vollständig absichern!

Todesfalle Garten

Erschreckend hoch ist die Anzahl der Wildtiere, die jedes Jahr in unseren Gärten zu Tode kommen. Die Ursachen hierfür sind leicht erkennbar und schnell zu beseitigen:

Gartenteiche In ihnen ertrinken viele Igel und andere Kleinsäuger. Ursache: Zu steile Uferkanten und fehlende Ausstiegsmöglichkeiten. Abhilfe: Steintreppe oder Brett mit Holzquerleisten anbringen.

Garagen Offenstehende Fenster und Tore verleiten Vögel, Igel und Kleinsäuger zum Nestbau in Garagen. Beim Verschließen vor längerer Abwesenheit immer erst sorgfältig kontrollieren, daß kein Tier eingesperrt wird.

Lichtschächte Nicht durchgehend abgesicherte Lichtschächte an Kellerfenstern und Eingängen sind Fallen für Igel, andere Kleinsäuger und Amphibien. Abhilfe: Engmaschige Gitterbreite bis zur Hauswand gehend wählen. Regelmäßige Kontrolle von Lichtschächten.

Regenwassertonnen In den im Gartenboden eingegrabenen Regenwassertonnen ertrinken viele Tiere. Abhilfe: Tonnenrand 40 cm überstehen lassen.

Feuer Verbrennen von Reisig und Gartenabfällen führt vielfach zum Tode von Igeln und Bodenbrütern.

Glasfenster Übergroße Glasfenster von Bürogebäuden oder Balkoneinfassungen sind für Vögel nicht immer erkennbar. Aufgeklebte Greifvogelsilhouetten verhindern die Gefahr, daß Vögel gegen die Scheiben fliegen.

Gartenzaun - Nein Danke!

Gartenzäune sind Grundstückseinfriedungen, die ihre Berechtigung haben. Sie schützen Haus- und Gartenbesitzer vor ungebetenem Zutritt, aber sie zerschneiden auch die Lebensräume für viele Wildtiere; mitunter sind sie sogar Todesfallen, wie für Igel, die oftmals in Maschendrahtzäunen mit geringen Maschenweiten steckenbleiben und qualvoll zu Tode kommen. Sinnvoller als diese Drahtgeflechte sind Holzzäune oder Einfriedungen aus Hecken. Wenn dann mal Nachbars Hund oder ein Wildkaninchen sich im eigenen Garten verirrt, gibt es noch andere Möglichkeiten, dies zu unterbinden.

Wenn schon ein Gartenzaun vonnöten ist, dann sollten es folgende sein: Friesenzaun, Lamellenzaun, Jägerzaun, Rankengitterzaun, Ranger-Zaunbohlen. Beim Anbringen von Maschendraht-Zäunen sollte auf einen Bodenabstand von 10 cm geachtet werden, damit Tiere wie der Igel durchkriechen können.

Haustiere im Garten

Leider werden die Gefahren für unsere im Garten lebenden Wildtiere durch Hund und Katze häufig unterschätzt. Forschungen aus England belegen dies ganz drastisch. Als Tierbesitzer kommt man in eine Gewissensnot, wenn die Hauskatze einen Vogel erbeutet. Auch die friedliebendsten Hunde schaffen es, eine Igelmutter zu zerreißen ohne Rücksicht auf eigene Verletzungen. Nicht immer werden sich diese Vorkommnisse verhindern, aber mit ein wenig Vorsicht wenigstens auf ein Mindestmaß beschränken lassen. Hilfsmittel sind:

- Absicherung der Baumnester mit Stachelkragen oder einem aufgeschnittenen Eimer. Katzen sind exzellente Kletterer!
- Ein Gummihalsband mit einer kleinen Glocke, wodurch die Vögel bei Annäherung des jagenden Haustieres gewarnt werden.
- Wenn möglich Katze und Hund beim Auslauf im Garten beaufsichtigen.
- Hunden kann durch einen provisorischen Zaun der Zugang zu Bodennestern verwehrt werden.

Im Grunde haben unsere Vögel ein gutes Warnsystem; besonders die Amsel zeigt durch ihr lautstarkes Zwitschern an, daß Gefahr im Verzug ist. Hierauf sollten sie reagieren, denn nicht immer ist es die eigene Katze, die wildert.

Wo Vögel sind, lauern auch Katzen. Der Stachelkragen ist eine Absicherung für Bäume, auf denen sich Nester befinden.

Naturbeobachtung bedeutet Ausdauer, Geduld und Tierliebe: der Autor bei seiner Arbeit.

Wildtiere beobachten

Der Tierfreund, der sich einen Naturgarten zulegt, wird alsbald viele Wildtiere in seinem Garten beobachten können, die sich über diese neue Naturoase freuen. Der Garten wird Heimat für viele Vögel und Säugetiere werden. Tiere merken auch sehr schnell, ob Menschen ihnen gewogen sind und ihre Ansiedlung dulden. Der Dank wird eine gewisse Zutraulichkeit sein, die aber vom Tierfreund nicht falsch gedeutet werden sollte. Wildtiere haben Feindbilder, und dazu gehört

nun auch mal der Mensch. Fühlen sie sich bedroht, so üben sie ihr instinktives Fluchtverhalten aus. Deshalb sollten Sie dem Versuch widerstehen, selbst zahm erscheinende Tiere anzufassen. Ein Beispiel, wie rasch Tiere ihre Scheu vor dem Menschen verlieren, sind die im Garten lebenden Meisen. Auf der Suche nach Nahrung kommen sie sogar schon mal zum Fenster hereingeflogen. Trotzdem – einige wichtige Regeln sind:

● Niemals ohne wichtigen Grund im Frühjahr und Sommer Nistkästen öffnen oder Brutplätze am Boden oder in Hecken aufsuchen.

● Bodennester von Igel oder Kleinsäugern niemals aufdecken. Besonders Igelmütter reagieren sehr empfindlich auf Störungen und können abwandern und sogar ihren Nachwuchs im Stich lassen.

● Blumenwiesen nie ohne besondere Sorgfalt betreten. Oftmals werden dabei Hummelnester zerstört,

im Gras liegende Blindschleichen verletzt oder unbeabsichtigt Raupen von Schmetterlingen zertreten.

● Im Frühjahr oder Sommer wochenlang nicht benutzte Terrassen werden oft plötzlich für Gartenpartys genutzt. Bitte überzeugen sie sich vorher, ob nicht Vogeleltern hier ihren Nistplatz gewählt haben, zum Beispiel in Blumenkästen oder Gartenlampen. Es ist zwar für ihre Gäste ein besonderes Erlebnis, dieses Nest aus unmittelbarer Nähe zu beobachten. Die Vögel sehen dies aber anders. Plötzlich durch die Anwesenheit vieler Menschen irritiert, unterlassen viele Tiere aus Scheu die Fütterung der Nestlinge. Tiere im Garten beobachtet man am besten mit einem Fernglas oder von einem getarnten Standort aus. Unter Umständen sind Ihnen die örtlichen Naturschutzverbände dankbar, wenn Sie ein Verzeichnis von den in Ihrem Garten lebenden seltenen Tiere vorlegen.

Zierpflanzen für den tierfreundlichen Garten

Worauf man achten sollte

Nicht jede Blume, die schön bunt aussieht, hat auch ihren Nutzen für unsere Insekten. Unter den in Gärtnereien und Fachmärkten angebotenen Pflanzen gibt es heute leider immer mehr Exoten, die in einem tierfreundlichen Garten problematisch sind. Es mag zwar schön aussehen, einen immergrünen Garten zu haben, aber der Nutzen von Rhododendren und Koniferen für unsere Tiere ist sehr gering. Es gibt aber auch Ausnahmen unter den Exoten, deren Anpflanzung sinnvoll ist, wie zum Beispiel Buddleja, bekannt als Schmetterlingsflieder, der ursprünglich aus China stammt. Beim Einkauf von Blütenpflanzen müssen Sie darauf achten, daß diese ungefüllte Blüten haben, weil nur diese wertvolle Futterspender sind.

Wildpflanzen, die unsere Tiere brauchen

Wildpflanzen sollte man nicht aus der Natur entnehmen, was ja auch verboten ist. Samen von Wildpflanzen bezieht man heute aus dem Fachhandel, der eine große Artenvielfalt bietet. Damit Sie die heimischen Arten bestimmen können, ist den Pflanzen der lateinische Name zugefügt.

Oben: Wiesen-Salbei.
Unten: Vielbesuchte Kratzdistel.

Wichtige Wildpflanzen für Bienen, Hummeln und Schmetterlinge:

Ein- und zweijährige Pflanzen	
Deutsche Bezeichnung:	Botanischer Name:
Acker-Stiefmütterchen	*Viola arvensis*
Acker-Vergißmeinnicht	*Myosotis arvensis*
Augentrost	*Euphrasia officinalis*
Buchweizen	*Fagopyrum esculentum*
Büschelnelke	*Dianthus armeria*
Distel, Nickende	*Carduus nutans*
Fenchel, Wilder	*Foeniculum vulgare*
Fingerhut, Roter	*Digitalis purpurea*
Gelbklee	*Medicago lupulina*
Hundszunge, Gemeine	*Cynoglossum officinale*
Karde, Wilde	*Dipsacus silvestris*
Klatschmohn	*Papaver rhoeas*
Königskerze, Großblumige	*Verbascum densiflorum*
Kornblume	*Centaurea cyanus*
Kratzdistel, Wollköpfige	*Cirsium eriphorum*
Krummhals, Wolfsauge	*Anchusa arvensis*
Möhre, Wilde	*Daucus carota*
Nachtkerze	*Oenothera biennis*
Reiherschnabel	*Erodium cicutarium*
Sandglöckchen, Berg-	*Jasione montana*
Schöllkraut	*Chelidonium majus*
Silberblatt, Ausdauerndes	*Lunaria rediviva*
Taubnessel, Rote	*Lamium purpureum*

Mehrjährige Pflanzen	
Beinwell	*Symphytum officinale*
Bibernelle, Kleine	*Pimpinella saxifraga*
Buschwindröschen	*Anemone nemorosa*
Dost	*Origanum vulgare*

Fortsetzung nächste Seite

Edelgamander	*Teucrium chamaedrys*
Flockenblume, Berg-	*Centaurea montana*
Flockenblume, Gemeine	*Centaurea jacea*
Flockenblume, Rispige	*Centaurea stoebe*
Glockenblume, Pfirsichblättrige	*Campanula persicifolia*
Grasnelke	*Armeria maritima*
Gundermann	*Glechoma hederacea*
Herbst-Löwenzahn	*Leontodon autumnalis*
Hornschotenklee	*Lotus corniculatus*
Katzenpfötchen	*Antennaria dioica*
Kratzdistel, Acker-	*Cirsium arvense*
Kugeldistel	*Echinops sphaerocephalus*
Löwenzahn	*Taraxacum officinale*
Malve, Moschus-	*Malva moschata*
Malve, Wilde	*Malva silvestris*
Natternkopf	*Echium vulgare*
Nieswurz, Stinkende	*Helleborus foetidus*
Johanniskraut	*Hypericum perforatum*
Schlangen-Knöterich	*Polygonum bistorta*
Skabiose, Tauben-	*Scabiosa columbaria*
Sonnenröschen	*Helianthemum nummularium*
Sterndolde, Große	*Astrantia major*
Storchschnabel, Felsen-	*Geranium macrorrhizum*
Storchschnabel, Wiesen-	*Geranium pratense*
Sumpfdotterblume	*Caltha palustris*
Taubnessel, Weiße	*Lamium album*
Vogelwicke	*Vicia cracca*
Waldziest	*Stachys sylvatica*
Weidenröschen, Schmalblättriges	*Epilobium angustifolium*
Wiesensalbei	*Salvia pratensis*
Witwenblume, Acker-	*Knautia arvensis*
Zimbelkraut	*Cymbalaria muralis*

Gartenblumen für die Natur

Besonders in den ersten Frühjahrsmonaten ist es wichtig, daß Bienen, Hummeln und Schmetterlinge Blüten finden, die ihnen helfen, die ersten, teilweise noch mit Kälte, Schnee und Regen verbundenen Wochen und Monate bis zum Sommer zu überstehen.

Bienenfreund
(Phacelia tanacetifolia)
Neben ihrer Eigenschaft als wertvolle Gründungungspflanze bietet der Bienenfreund eine ideale Nahrungsquelle für Bienen und Hummeln.

Bienenglück
(Phacelia campanularia)
Die dunkelblauen Blüten dieser Blume blühen in der Zeit von Juni – September. Sie stellt eine sehr beliebte Bienenweide dar.

Blaukissen *(Aubrieta-Hybriden)*
Da teilweise schon im März blühend, mit eine der ersten wichtigen Nahrungsgrundlagen für Bienen; auch für Schmetterlinge wie Zitronen- und Aurorafalter, die schon sehr früh im Jahr fliegen.

Blaustern *(Scilla sibirica)*
Zierliche Zwiebelblume, die bereits im März blüht und dann gerne von Hummeln aufgesucht wird.

Duftveilchen *(Viola odorata)*
Bildet mit einigen anderen Blumen im März eine der ersten wichtigen Blüten für Bienen und Hummeln, aber auch Schmetterlinge wie das Tagpfauenauge.

Fetthenne *(Sedum spectabile)*
Beliebte Nahrungsquelle bei Bienen und Schmetterlingen. Beson-

Die Ringelblume (*Calendula*) sät sich gerne selbst aus.

Mondviole (*Lunaria annua*), auch als Silbertaler bekannt.

ders wichtige Pflanze als Nektarspender für den Spätherbst.

Goldlack (*Cheiranthus cheiri*)
Blüht bereits zeitig im Frühling und bietet mit seinen bunten Blüten Bienen und Schmetterlingen eine gute Nahrungsquelle.

Hain-Salbei (*Salvia nemorosa*)
Beliebte mehrjährige Staude, die leider nur selten in unseren Gärten anzufinden ist, obwohl sie an ihren Standort wenig Ansprüche stellt. Blütezeit Juni bis Juli.

Heidekraut (*Calluna vulgaris*)
Wenn im März noch Schnee und Frost die Tier- und Pflanzenwelt bedrohen, locken die kleinen Blüten schon viele Bienen und bieten ihnen Nahrung. Auch als Nahrung für die Raupen einiger Schmetterlinge wie Bläulinge wichtige Futterpflanze.

Herbstastern (*Aster novae-angliae*)
Wenn die Natur für unsere Insekten immer weniger Nahrung bietet, gehören die Herbstastern mit zu den beliebtesten Futterquellen für Bienen, Hummeln und Schmetterlinge. Vor allem der Admiral schöpft hier Kraft für seinen Wanderflug in den Süden.

Katzenminze (*Nepeta catarica*)
Blütezeit von Mai bis September. Bildet eine gute Nektarquelle für viele Schmetterlinge und Bienen.

Kornblume (*Centaurea cyanus*)
Wer sich ab Juni an den sprichwörtlichen blauen Blüten dieser Pflanze erfreuen will, tut auch etwas Gutes für die Insekten. Besonders Bienen und Hummeln treffen sich hier sehr zahlreich.

Krokus (*Crocus vernus*)
Gehört als einer der ersten Frühjahrsblüher in jeden Garten, da er für die ersten Bienen eine wichtige Nahrungsgrundlage ist.

Kugeldistel (*Echinops ritro*)
Zeigt im Juli eine kugelförmige Blüte, die gerne von Bienen, Hummeln und Schmetterlingen aufgesucht wird.

Lavendel (*Lavandula angustifolia*)
Blütezeit von Juli bis September. Eine Pflanze, die bei Bienen, Hummeln und Schmetterlingen beliebt ist und einen herrlichen Duft ausströmt.

Märzenbecher (*Leucojum vernum*)
Er gehört im Garten mit zu den ersten Frühlingsboten. Die weiße Glockenblüte erscheint teilweise schon im Februar; ist somit wichtig für die ersten Bienen.

Nachtviole (*Hesperis matronalis*)
Blütezeit Mai bis Juni. Trägt einen schönen Duft, der Bienen und Schmetterlinge anzieht.

Ringelblume (*Calendula officinalis*)
Ist bei vielen Insekten und Bienen beliebt und sollte wegen ihrer langanhaltenden Blütezeit von Juli bis Oktober in keinem Garten fehlen.

Schneeglöckchen
(*Galanthus nivalis*)
Blüht schon zeitig im Februar und zählt somit zu einer Zeit, wo sich noch Schnee und Frost zeigen, zu den ersten Blüten für die Bienen.

Silbertaler (*Lunaria annua*)
Bildet schon im April sehr schöne, kleine rosa Blüten, die gerne von Hummeln besucht werden. Die Pflanze eignet sich später zur Herstellung von Trockengestecken.

Sonnenblume (*Helianthus annuus*)
Sollte in keinem Garten fehlen. Mit ihrer Blütezeit von Juli bis September bietet sie eine gute Bienenweide, ist aber auch im Herbst eine wichtige Nahrungsquelle für viele Vögel.

Steinkraut (*Alyssum saxatile*)
Als Frühjahrsblüher wichtig für Bienen und Schmetterlinge.

Gehölze als Lebensraum

Es bedarf keiner besonderen Erwähnung, daß in jeden Naturgarten Hochstamm-Obstbäume wie Apfel, Birne oder Kirsche gehören. Sie bedeuten Nahrungs- und Lebensraum für alle im Garten lebenden Tiere, und für uns Menschen bietet sich im Herbst eine reiche Ernte mit wohlschmeckenden Früchten. Wichtig sind aber auch die Wildsträucher für unsere Tierwelt. Lange Jahrzehnte waren sie verkannt.

Mit dem steigenden Bewußtsein für Natur und Umwelt wird uns ihre Bedeutung wieder bewußt. Unsere Wildtiere können nicht in den Supermarkt gehen, um ihre Nahrung zu kaufen. Wer Natur- und Artenschutz will, der kommt um die Anpflanzung von Wildsträuchern nicht herum. In der folgenden Liste sind alle Nutzgehölze wie Beerensträucher und Obstbäume, die vom Menschen in den Garten gepflanzt werden, aber auch für unsere Tierwelt von großer Bedeutung sind, nicht berücksichtigt. Alle aufgeführten Sträucher sind unter dem Ge-

sichtspunkt des Nutzens für unsere Wildtiere ausgewählt:

Berberitze (Berberis vulgaris)
Standort: Trockenfläche, sonnig/schattig. Blütezeit: Mai.
Bekannt auch unter dem Namen Sauerdorn. Bildet im Herbst rote, eßbare Beeren. Wertvoller Strauch für Bienen, Hummeln, Schmetterlinge und Vögel, die in dem Strauch

Eine artenreiche Heckenpflanzung bietet Vögeln Nistplätze und Nahrung.

mit seinen dornenbewehrten Blättern gute Nistmöglichkeiten finden. Leider heute nur noch in speziellen Baumschulen zu bekommen.

Gelber Blasenstrauch
(Colutea arborescens)
Standort: trocken, schattig/sonnig.
Blütezeit: Mai – August.
Im Herbst bilden sich braune, giftige Samen, die von Vögeln verzehrt werden. Nützlich auch für Hummeln und Holzbienen.

Besenginster *(Cytisus scoparius)*
Standort: trocken, sonnig.
Blütezeit: April – Juni.
Bildet giftige Samen. Gute Deckungspflanze für Kleintiere und Bodenbrüter, bietet Nahrung für Holzbienen, Hummeln und Schmetterlinge wie Ideas Bläuling.

Brombeere *(Rubus fruticosus)*
Standort: feucht, Halbschatten.
Blütezeit: Juni – August.
Bietet als Dornengewächs vielfachen Schutz für Säugetiere und Vögel, vor allem Boden- und Heckenbrütern wie dem Zaunkönig. Wichtig sind die Blüten für Insekten und Schmetterlinge; besonders die Blätter sind Raupenfutter für den wunderschönen Kaisermantel. Die schwarzen Beeren im Herbst sind reich an Vitaminen und werden von Mensch und Tier gerne verzehrt.

Eberesche *(Sorbus aucuparia)*
Standort: trocken, sonnig/schattig.
Blütezeit: Mai – Juni.
Bekannt auch als Vogelbeerbaum. Wird in den letzten Jahren immer mehr beliebt. Kann zu einem über 10 Meter hohen Baum auswachsen, dessen ungiftige Früchte von Vögeln gerne verzehrt werden. Die Blüten stellen eine gute Bienenweide dar.

Efeu *(Hedera helix)*
Standort: frisch, schattig/sonnig.
Die Pflanze bietet aufgrund ihrer Kletterfähigkeit hervorragende Eigenschaften zur Pflanzung an Hauswänden, Zäunen und Mauern. Für Bienen, Wespen und andere Insekten bietet die im Spätsommer blühende Pflanze Nahrung. Aber auch Vögel finden sich hier gerne zum Nisten ein und verzehren die Beeren.

Eibe *(Taxus baccata)*
Standort: Halbfeucht, sonnig/schattig. Blütezeit: März – Mai.
Eine Alternative zu Gartenzäunen ist eine Heckenanpflanzung mit Eiben. Sie stellen einen wichtigen Nistplatz für Vögel dar, die auch im Herbst gerne die roten Früchte verzehren. Aber Vorsicht, für Menschen sind sie giftig!

Solche Verstecke in alten Bäumen sind wichtig für das Überleben mancher Tierart.

75

Oben: Der Gimpel baut hier gerne sein Nest.
Unten: Stieglitz auf Wilder Karde.

Faulbaum *(Rhamnus frangula)*
Standort: feucht, sonnig/schattig.
Blütezeit: Mai – August.
Wichtig für Bienen, Insekten und Schmetterlinge. Die Blätter des Faulbaums bilden die Raupennahrung für Faulbaumbläulinge und Zitronenfalter. Im Herbst trägt er kleine schwarze Früchte (giftig!), die Vögel gerne verzehren.

Felsenbirne *(Amelanchier ovalis)*
Standort: trocken, sonnig.
Blütezeit: April – Mai.
Ein wunderschöner Heckenstrauch, der viel Platz zum Wachsen braucht. Im Juli entwickeln sich eßbare schwarze Früchte, die gerne von Vögeln verzehrt werden. Bildet auch ein gutes Schutzgehölz für viele Tiere.

Feuerdorn *(Pyracantha-Sorten)*
Standort: trocken, sonnig/schattig.
Blütezeit: Mai – Juni.
Bietet als immergrüner Dornenstrauch im Sommer und Winter vie-

len Vögeln und Kleintieren Schutz- und Nistplatz. Die roten Früchte (giftig!) werden gerne von Vögeln gefressen.

Hartriegel, Roter
(Cornus sanguinea)
Standort: feucht, sonnig.
Blütezeit: Mai – Juni.
Bildet mit seinen Blättern die Raupennahrung von Schmetterlingen wie Brombeerzipfelfalter sowie

Faulbaumbläuling. Die Früchte im Herbst werden gerne von Seidenschwänzchen und anderen Vögeln als Nahrung verwendet; für Menschen ungenießbar.

Haselnuß *(Corylus avellana)*
Standort: feucht, sonnig/schattig.
Blütezeit: Februar – April.
Als eine der tierfreundlichsten Anpflanzungen im Garten ist der Strauch der Haselnuß anzusehen. Für zahlreiche Tierarten bietet er Lebensraum und Nahrung, zum Beispiel für Igel, Haselmaus, Gartenschläfer, Insekten, Schmetterlingsraupen und viele Vögel. Daneben liefert er im Herbst nahrhafte Früchte für Mensch und Tier. Er sollte in keinem Garten fehlen.

Schwarzer Holunder
(Sambucus nigra)
Standort: feucht, sonnig/schattig.
Blütezeit: Juni – August.
Der Holunder zählte vor einigen Jahrzehnten zum Erscheinungsbild eines jeden Gartens. Die pollenreichen Blüten sind bei vielen Insekten sehr beliebt. Besonders wertvoll ist der Holunder auch für den Menschen, da er im Herbst sehr vitaminhaltige, kleine, runde Früchte trägt, die gekocht eßbar sind und auch von vielen Vögeln gerne verzehrt werden. Nützliches Nistgehölz. Das gleiche gilt auch für den Roten Holunder, der leider ein wenig in Vergessenheit geraten ist.

Hundsrose *(Rosa canina)*
Standort: feucht, sonnig.
Blütezeit: Mai – Juli.
Bekannt auch als Heckenrose oder Hagebutte. Beliebt bei Bienen und Hummeln, die sich sehr zahlreich auf den traumhaft schönen Blüten einfinden. Wegen ihrer Stacheln als undurchdringliche Heckenpflanzung geeignet. Ein wichtiges Nist- und Schutzgehölz für viele Tiere. Im Herbst bilden sich die als Hagebutten bekannten, eßbaren, Vitamin-C-

haltigen, roten Früchte, die gerne von Vögeln und Säugetieren gefressen werden.

Kornelkirsche *(Cornus mas)*
Standort: trocken bis frisch, schattig/sonnig.
Blütezeit: Februar – April.
Die Kornelkirsche bildet im Frühjahr mit die erste Bienenweide. Im Herbst trägt sie kleine, eßbare, rote Früchte, die gerne von Vögeln, aber auch von Säugetieren wie Haselmaus und Gartenschläfer als Nahrung verwertet werden. Bei der Anpflanzung ist auf ausreichenden Grenzabstand zu achten, da sich ein Baum von über 5 m Höhe ausbilden kann, der vielen Tieren Nistmöglichkeiten bietet.

Kreuzdorn *(Rhamnus cathartica)*
Standort: trocken, sonnig.
Blütezeit: Mai – Juni.
Wertvolle Heckenpflanze, die als Nahrungsquelle für Insekten sowie als Nahrung für Schmetterlingsraupen wie den Zitronenfalter dient. Im Herbst trägt sie kleine, schwarze, giftige Früchte, die gerne von Drosseln verzehrt werden.

Liguster *(Ligustrum vulgare)*
Standort: feucht, sonnig.
Blütezeit: Juni – Juli.
Eignet sich sehr gut als Heckenpflanze für Grundstücks-Einfriedungen. Raupennahrung des Ligusterschwärmers und Nektarspender für Insekten. Besonders wertvoll als Nistunterschlupf für Vögel, die auch gerne die giftigen Früchte verzehren.

Lorbeerkirsche
(Prunus laurocerasus)
Standort: trocken, sonnig.
Blütezeit: Mai – Juni.
Obwohl sie nicht zu den einheimischen Pflanzen gehören und deshalb nur bedingt zu empfehlen sind, haben sie doch die Eigenschaft, von den Vögeln als gute Deckungspflanze genutzt zu wer-

den. Im Herbst verzehren besonders Amseln gerne die im Reifestadium schwarzen Früchte. Auch als Insektenweide beliebt.

Mehlbeere *(Sorbus aria)*
Standort: trocken, sonnig/schattig.
Blütezeit: Mai – Juni.
Als Baum geeignet für große Gärten. Guter Vogelschutz und Lebensgrundlage für Insekten. Im Herbst trägt er kleine, rote, runde, eßbare Früchte, die gerne von Vögeln verzehrt werden.

Pfaffenhütchen
(Euonymus europaeus)
Standort: feucht, sonnig/schattig.
Blütezeit: Mai – Juni.
Nützlich für viele Insekten, aber auch für Vögel, besonders das Rotkehlchen, das gerne die gelben Samenfrüchte (giftig!) verzehrt.

Sanddorn *(Hippophaë rhamnoides)*
Standort: frisch, sonnig.
Blütezeit: April – Mai.
Bildet im Herbst Vitamin-C-haltige, eßbare Früchte. Wertvolles Vogel-

schutzgehölz. Die roten Beeren werden gerne von Vögeln, besonders von Hühnervögeln wie Fasanen, als Nahrung verwendet.

Salweide *(Salix caprea)*
Standort: feucht, sonnig.
Blütezeit: März – April.
Zählt mit zu den ersten Trachten für Bienen und Hummeln, die im März blühen. Wichtig aber auch für Schmetterlinge und Vögel. Sollte in keinem großen Garten fehlen. Anpflanzung am besten in der Nähe eines Gewässers oder Gartenteichs, wobei aber beachtet werden muß, daß es im Mai zu massenhaftem Samenflug kommt. Benachbarten Teich eventuell abdecken.

Früchte des Gemeinen Schneeballs.

Schmetterlingsflieder *(Buddleja)*
Standort: trocken, sonnig.
Blütezeit: Juli – Spätherbst.
Wer als Naturfreund gerne Schmetterlinge beobachtet, der sollte diesen Strauch pflanzen. Während der
Blüte finden sich zahlreiche Arten
bis hin zum Schwalbenschwanz sowie Bienen und Hummeln ein. Ver-
welkte Blüten immer entfernen –
umso länger bilden sich neue.

Gemeiner Schneeball
(Viburnum opulus)
Standort: feucht, sonnig/schattig.
Blütezeit: Mai – Juni.
Zu den Pflanzen, die in einen ech-
ten Naturgarten passen, gehört der
Schneeball. Mit seinen Blüten und
im Herbst den roten Früchten (gif-
tig!) stellt er ein wichtiges Biotop
für Insekten und Vögel dar. Leider
wird immer noch häufig der Sterile
Schneeball angepflanzt, der für die
Tierwelt keinerlei Nutzen hat.

Wolliger Schneeball
(Viburnum lantana)
Standort: trocken, sonnig.
Blütezeit: Mai – Juni.
Wichtiges Insektennährgehölz, aber
auch Nahrungsstrauch für viele
Vögel, die gerne die im Herbst rei-
fenden, roten und schwarzen Früch-
te (giftig!) verzehren.

Schlehe *(Prunus spinosa)*
Standort: trocken, sonnig.
Blütezeit: April – Mai.
Bekannt auch als Schwarzdorn. Das
ideale Vogelschutzgehölz für viele
Boden- und Heckenbrüter. Dazu ist
die Schlehe die Kinderstube vieler
Insekten und Schmetterlinge, die
hier als Raupen leben, wie dem Se-
gelfalter. Die Früchte sind genieß-
bar und werden gerne von Vögeln
verzehrt. In großen Gärten sollte
eine Schlehenhecke nicht fehlen.

Der Sanddorn liefert wertvolle Früchte für
Mensch und Tier.

Die »Vogelbeeren« der Eberesche werden gerne von Tieren verzehrt.

Seidelbast (*Daphne mezereum*)
Standort: feucht, sonnig/schattig.
Blütezeit: März – April.
Wichtige Pflanze, die wegen ihrer Blüte im zeitigen Frühjahr, mit schönen purpurrosa Farben, eine der ersten wichtigen Nahrungsquellen für die um diese Zeit fliegenden Bienen, Hummeln und andere Insekten darstellt. Im Sommer zeigen sich rote, giftige Beeren, die gerne von Vögeln verzehrt werden.

Stechpalme (*Ilex aquifolium*)
Standort: feucht, halbschattig.
Blütezeit: Mai – Juni.
Mit ihren dornenbewehrten Blättern bildet die Pflanze einen wichtigen Bodenstrauch für viele Tiere, der Schutz- und Nistraum bietet. In der Blütezeit beliebte Bienenweide und im Herbst mit ihren roten Früchten (giftig!) Nahrungsquelle für viele Vögel. In ihrer Ursprungsform leider heute nur noch sehr schwer im Gartenfachhandel zu bekommen. In der freien Natur steht sie unter Artenschutz.

Vogelkirsche (*Prunus avium*)
Standort: trocken, sonnig.
Blütezeit: Mai
Sehr schöne weiße Blüten. Beliebt bei vielen Insekten und im Herbst bei Vögeln, die gerne die kleinen schwarzen Beeren verzehren.

Waldrebe (*Clematis vitalba*)
Standort: frisch, sonnig.
Blütezeit: Juni – August.
Eignet sich sehr gut zur Anpflanzung an Garten- und Mauerecken, wobei sie aber eine Kletterhilfe braucht. Beliebte Nahrungsquelle bei vielen Insekten und gute Nisthilfe für Vögel, die in dem Klettergehölz gute Deckung finden.

Weißdorn (*Crataegus monogyna*)
Standort: halbfeucht, sonnig.
Blütezeit: Mai – Juni.
Geeignet für große Gärten, bietet der Weißdorn unzähligen Tieren Nahrung und Unterschlupf. Bereits während der Blüte Lebensgrundlage für zahlreiche Insekten, aber auch im Herbst mit den eßbaren Früchten, die von Vögeln und Säugetieren gefressen werden.

Pflanzung von Bäumen und Sträuchern

Die Herbstmonate Oktober und November stellen die ideale Zeit zum Anpflanzen neuer Bäume und Sträucher dar. Voraussetzung ist natürlich, daß der Boden frostfrei ist. Beerensträucher lassen sich aber auch im Frühjahr pflanzen. Ballen- und Containerpflanzen können sogar das ganze Jahr über gesetzt werden.
Einer der häufigsten Fehler beim Pflanzen von Sträuchern und Bäumen ist der unterschätzte Platzbedarf. Vielfach fehlt die Information, wie groß die Pflanzen mit den Jahren einmal werden können. Mit diesem Wissen lassen sich aber spätere Probleme und Ärgernisse vermeiden. Als Abstandsregel sollten zwei Meter eingehalten werden. Um eine dichte Hecke als Schutzgehölz zu erhalten, pflanzt man zwei- bis dreireihig.

Art der Pflanze	Wuchshöhe in Metern
Berberitze	2 – 3
Besenginster	1 – 3
Blasenstrauch	1 – 3
Brombeere	1 – 3
Eberesche	10 – 12
Faulbaum	1 – 5
Feuerdorn	2 – 5
Hartriegel, Roter	3 – 4
Haselnuß	3 – 5
Holunder, Roter	1 – 4
Holunder, Schwarzer	3 – 7
Hundsrose	1 – 3
Kornelkirsche	2 – 5
Kreuzdorn	2 – 5
Liguster	2 – 5
Mehlbeere	6 – 10
Pfaffenhütchen	1 – 6
Salweide	1 – 5
Sanddorn	3 – 6
Schmetterlingsflieder	1 – 5
Schneeball, Gemeiner	1 – 5
Schneeball, Wolliger	1 – 5
Schlehe	1 – 3
Seidelbast	1 – 1,5
Stechpalme	1 – 10
Weißdorn, Eingriffeliger	4 – 8

Künstliche Nist-
und Nahrungshilfen

Nistplätze für viele Tierarten

In der Zeit der modernen Bautechnik und einseitigen Gartengestaltung bedeutet das Anbringen von Nisthilfen für unsere im Garten lebenden Wildtiere aktiven Artenschutz. Für den Gartenbesitzer ist es gleichzeitig eine Maßnahme des biologischen Pflanzenschutzes, und der Tierfreund kann sich beim Beobachten vieler heimischer Tierarten erfreuen. Viele Firmen bieten mittlerweile fertige Nisthilfen für verschiedene Tierarten an, wobei sich die Firma SCHWEGLER aus Schorndorf hervorhebt, einmal wegen der Qualität ihrer Produkte aus Holzbeton und wegen der Vielfalt der Nisthilfen für fast alle in unserem Garten vorkommenden Nützlinge. Die Vorteile der Nisthilfen aus Holzbeton sind:
– lange Lebensdauer
– atmungsaktiv und witterungsbeständig.
Sie sind außerdem von vielen Naturschutzverbänden auf Funktion und Sicherheit für die nistenden Tiere getestet.

Nisthilfen für Vögel Mit der Fluglochweite am Nistkasten trifft man auch die Auswahl, wer diesen Nistkasten beziehen soll.

Bei Fluglochweite 26 mm sind die Bewohner meist:
Sumpfmeisen, Tannenmeisen, Blaumeisen, Haubenmeisen, Zaunkönig.

Bewohner Fluglochweite 32 mm:
alle Meisenarten, Gartenrotschwanz, Kleiber, Halsband- und Trauerschnäpper, Wendehals, Feldsperling.
Die Anzahl der aufzuhängenden Nistkästen richtet sich nach der Gartengröße: In einem Kleingarten etwa fünf Stück, wobei die Aufhänghöhe 1,5 bis 2 m betragen soll. Einflugrichtung immer nach Südosten.

Ein Nistversteck aus Bruchsteinen bietet dem Igel Lebensraum.

Nistkästen aus Holzbeton werden gerne von den Vögeln angenommen.

Es kann auch sein, daß Fledermäuse sich in diese Kästen einnisten. Für boden- und heckenbrütende Vögel wie Nachtigall, Rotkehlchen, Zaunkönig, Singdrossel und Amseln bietet sich das Anlegen von Hecken und Reisighaufen an. Nisthilfen für Schwalben sind vor allem in deren traditionellen Einfluggebieten angebracht. Hier sollte man sich mit dem örtlichen Vogelschutzbund zusammentun, was ebenso auf Nisthilfen für Fledermäuse und Eulen zutrifft. Denn die Schutzmaßnahmen für diese Tierarten erfordern Sachkenntnis und wohldurchdachte Hilfe.

Nisthilfen für Igel Reisighaufen, aufgehäufte Stein- und Mauerverstecke, mit Hohlräumen versehen, oder auch eine in einem Gebüsch untergebrachte Holzkiste oder Igelkuppel aus Holzbeton.

Nisthilfen für Hummeln Hier sollte man keine Experimente mit Kartons oder Blumentöpfen machen, sondern gleich einen Nistkasten aus Holzbeton einsetzen, weil er ein von Experten durchdachtes System

darstellt. Zwei Möglichkeiten bieten sich an: Einmal das Aufstellen eines Nistkastens auf der Wiese oder das Verwenden eines Hummelnistkastens zum Erdeinbau. Beim letzteren zeigt sich ein größerer Besiedlungserfolg. Spitzmäuse nehmen gerne mal in Hummelnistkästen Quartier. Bitte bedenken Sie, daß es sich um eine geschützte, nützliche Tierart handelt. Man sollte ihr diesen Lebensraum gönnen.

Nisthilfen für Insekten Hautflügler wie Faltenwespen, Wegewespen oder Wildbienen sind Nützlinge in unseren Gärten, die für ihren Fortbestand alte Bäume oder Mauerritzen brauchen. Ersatz bieten unbehandelte Nisthölzer aus Buche oder Eiche, mit Lochreihen von 2 bis 10 mm Durchmesser versehen, die 10 cm tief eingebohrt werden. Der Aufhängeort sollte eine sonnige, windgeschützte Lage haben und re-

gensicher sein. Hier muß die Nisthilfe dauerhaft, auch im Winter, verbleiben.
Ohrwürmer siedelt man am besten bei Pflanzen an, die mit Blattläusen befallen sind. Hierzu eignen sich mit unbehandelter Holzwolle gefüllte Blumentöpfe oder Schlafröhren aus Holzbeton.

Hummelnistkasten aus Holzbeton zum Erdeinbau.

Nistkasten selbstgebaut

Außenanstrich sollte unterbleiben. Spätestens nach drei Jahren sollte dann ein neuer Nistkasten gebaut werden.

Wer nicht nur eine Vogelart in seinem Garten fördern will, muß das unterschiedliche Nistverhalten der Tiere beachten. Das hier beschriebene Modell bezieht sich mit seiner Einfluglochweite von 32 mm auf die im letzten Abschnitt genannten Arten.

Besonders junge Menschen begeistern sich umso mehr für den Vogelschutz, wenn sie Nistkästen und andere Hilfen für die Vögel im Garten selber bauen können. Wichtig ist in diesem Fall zu beachten: niemals Spanplatten oder sonstig chemisch behandeltes Holz verwenden! Auch noch nach Jahren kommt es hier nämlich noch zum Austritt von giftigen Dämpfen. Geeignet sind 20 mm starke Bretter aus Buche, Erle, Fichte, Kiefer oder Eiche, die aber auf der Innenseite ungehobelt sein müssen, damit die Vögel zum Klettern Halt finden. Für den Zusammenbau sollten nur Holzleim, Nägel und Schrauben verwendet werden. Zur jährlichen Reinigung ist es erforderlich, daß man das Dach des Nistkastens aufschrauben kann. Zum Schutz gegen Regenwasser wird es mit Dachpappe oder einem Stück Regenhaut versehen. Der oftmals empfohlene

Maße:

Vorderwand	250x120 mm
Rückwand	280x120 mm
Linke und rechte Seite	250 mm vordere Höhe / 280 mm hintere Höhe / 160 mm Breite
Boden	120x120 mm
Dach	250x200 mm

Wildtiere in Not

Aus meiner jahrelangen Erfahrung weiß ich, wie oft im Sommer hilflose Tiere aufgefunden werden, die in Not geraten sind. Mit ein wenig Sachkunde wären sie zu retten und könnten weiter in der Natur leben. Wenn Sie einmal ein Wildtier in Ihrem Garten finden ist es wichtig, dieses in wirklich sachkundige Hände zu geben und sich nicht bei irgendwelchen selbsternannten Fachleuten Ratschläge zu holen, die meist zwar gut gemeint, aber oftmals falsch sind. Ich erinnere mich an einen Fall, wo eine Igelmutter von einem Hund übel zugerichtet wurde. Die Igelin wurde kurzerhand erschossen, und der Tierfreundin wurde der Rat gegeben, die Igeljungen mit Kuhmilch zu ernähren – ein Ratschlag, der für die Igelchen tödlich endete, weil sie nämlich keine Kuhmilch vertragen. Sie sollten immer bedenken, daß nicht jedes in Ihrem Garten aufgefundene Tier, ob Igelchen oder ein Jungvogel, auch hilflos ist. Besonders bei Jungvögeln ist es ganz natürlich, daß sie sich von ihren Geschwistern trennen, um Feinden nicht zu sehr aufzufallen. Oft sehen wir sie dann unter einer Hecke sitzen, wo sie durch Laute den Vogel-

eltern angeben, wo sie sind. Diese füttern ihre noch nicht ganz flugtüchtigen Jungen auch am Boden weiter. Sie sollten sich hüten, diese Jungvögel ins Haus zu nehmen – meist endet es tödlich. Von Kindern mitgebrachte Jungvögel sollten sofort an ihren Fundort zurückgebracht werden, wo sie von den Vogeleltern auch wieder angenommen werden, weil diese sich nicht wie viele Säugetiere am Geruch, sondern optisch orientieren. Wirklich verlassene Jungtiere erkennt man daran, daß sie stundenlang verlassen sind, ober bei Jungigeln, daß sie im Garten liegen und schon Schmeißfliegen auf ihnen ihre Eier ablegen. Dann ist rasche Hilfe nötig, um dieses Tier zu retten und für die Natur zu erhalten.

Zur Fütterung <u>hilfloser Vögel</u> eignen sich Mehlwürmer sowie ein Brei aus Magerquark und gekochtem Ei. Weiter geeignet sind kleine Kügelchen aus Rinderhack. Jungvögel sollten nicht zuviel Nahrung zu sich nehmen, dafür aber stündlich.

<u>Hilflose Igel</u> finden sich als Jungtiere schon in den ersten Juniwochen. Ursache ist meist, daß die Igelmutter durch Autos, Gartenarbeit, Gifte, Kellerschächte, Baugruben oder sonstige Ursachen zu Tode gekommen ist. Wichtig ist zuerst die Zuführung von Wärme mittels

Wärmflasche oder einer Rotlichtlampe, wie sie in der Landwirtschaft zur Tieraufzucht verwendet wird. Die Lampen sind fast in jedem Tierbedarfsgeschäft oder Landhandel erhältlich. Der Preis liegt bei 30,– DM. Wenn es sich um ein völlig entkräftetes Tier handelt, sollte man erst einmal eine zehnprozentige Traubenzuckerlösung (Apotheke) vorsichtig in den Mund tropfen und den Findling zum Schlucken bewegen. Hierbei ist viel Geduld erforderlich, die aber in den meisten Fällen auch zum Erfolg führt. Kleine Maden, die sich schon in Augen oder Ohren befinden, spült man mit klarem Wasser aus. Maden in offenen Wunden lassen sich durch mehrmaliges Spülen mit einer drei- bis zehnprozentigen Wasserstofflösung (aus der Apotheke) entfernen.

Die Nahrungsverabreichung erfolgt je nach Gewicht des Schützlings. Bei einem Gewicht unter 100 g muß folgende Nahrung verabreicht werden:

25 ml abgekochtes Wasser und 1 Meßlöffel »Milupa SOM«, versetzt mit 5 Tropfen »saab simplex« gegen Blähungen, sowie 2 Tropfen »Multibionta«. Dies alles erhalten Sie in der Apotheke. Mit einer 5 ml Plastikspritze (ohne Nadel) können Sie die Nahrung gut füttern.

Bei einem Gewicht über 100 g Nahrung wie oben zubereiten, jedoch mit Zusatz von »Gerilac« (vom Tierarzt) oder 1 Eßl. Katzenfutter aus der Dose (durch ein Sieb durchpassiert), 1 Scheibe Banane, durchpassiert, sowie 2 Eßl. Schmelzflocken, in Wasser aufgekocht. Sobald der Igel alleine fressen kann, sollten Sie Katzenfutter aus der Dose (Rind) oder Rinderhack mit Bananenstücken, »Vitakraft Igelfutter« sowie gekochte Eier verabreichen. Mehlwürmer (aus der Zoohandlung) werden von Igeln sehr gerne verzehrt.

Igelsäuglinge lassen sich gut mit einer Plastikspritze füttern.

Für bodenfressende Vögel ist es wichtig, das Futter trocken anzubieten.

Goldammer

Buchfink

Rotkehlchen

Winterfütterung

Eines der schönsten Erlebnisse für Tierfreunde ist die Fütterung der Vögel im Winter. Jetzt, in der Zeit der Futterknappheit, verlieren die Tiere ihre Scheu und stellen sich oft in großer Zahl zur Nahrungsaufnahme bei den angelegten Futterstellen ein.

Leider ist die Winterfütterung von vielen Naturschutzorganisationen nicht gerne gesehen und steht in den letzten Jahren unter massiver Kritik, die in vielen Punkten auch berechtigt ist. Dies betrifft insbesondere das Ausbringen von Vogelfutter zu einer Zeit, wo für die Tiere noch ein ausreichendes Nahrungs-

angebot in der freien Natur vorhanden ist. Auch ist es wohl besser und artgerechter, seinen Garten so zu gestalten, daß unsere Vögel selbständig ihre Nahrung finden, anstatt sie immer mehr von uns Menschen abhängig zu machen. In echten Notzeiten, das heißt bei langen Frost- und Schneeperioden und ohne ausreichendes Vorhandensein von Nahrungsgrundlagen wie Fruchthecken und Samenständen, ist die Winterfütterung aber zu akzeptieren. Wichtig ist dabei vor allem eine artgerechte und sachkundige Fütterung.

Unsere heimischen Vögel unterscheiden sich bezüglich ihrer Nahrungsaufnahme in:

Weichfutterfresser	Körnerfresser
Bergfink	Amsel, Drossel
Buchfink	Baumläufer
Dompfaff	Heckenbraunelle
Grünfink	Rotkehlchen
Kleiber	Specht
Kernbeißer	Star
Meisen	Wintergoldhähnchen
Sperling	Kleiber
Star	Zaunkönig
Zeisig	Zeisig

Die Nahrung für Weichfutterfresser besteht aus kleinen Stücken von Äpfeln, Birnen, Haferflocken, Korinthen, Rosinen, Wildbeeren und kleinen Fleischstückchen (Rind).

Buchfink

Eichelhäher

Birkenhänfling

Stieglitz

Grünfink

Gimpel

Rotkehlchen

Kernbeißer

Sumpfmeise

Kohlmeise

Blaumeise

Schwanzmeise

Kleiber

Unsere Körnerfresser nehmen gerne Meisenringe, Meisenknödel, Melonenkerne, Hafer, Hanf, Haselnüsse, Walnüsse, Sonnenblumenkerne sowie Rosinen und Korinthen an. Viele der Fertigfuttermischungen, wie zum Beispiel von der Firma VITAKRAFT, nehmen heute auf die spezifischen Nahrungsbedürfnisse der unterschiedlichen Vogelarten Rücksicht und können – was bei manch anderen Herstellern nicht immer der Fall ist – mit gutem Gewissen verwendet werden. Deshalb ist immer zum Kauf von Markenfuttermitteln zu raten, um sachgemäß zu füttern.

Tödlich für Vögel sind: salziges Fett, gesalzener Speck, Wurst, gekochte Kartoffeln, roher Reis oder Sauerbrotteig.

Bitte achten Sie auch auf das Verfalls- oder Herstellungsdatum. Sehr oft wird alter Lagerbestand im nächsten Jahr verkauft, und diese Futtermittel sind vielfach verdorben. Die Vögel können daran zugrunde gehen.

Wenn keine speziellen Futtersilos verwendet werden, die eine Verunreinigung des Futters durch Vögel vermeiden, müssen die klassischen Futterhäuschen regelmäßig gereinigt werden, weil die Tiere sich auf verkoteten Futterplätzen mit Krankheitskeimen infizieren und zu Tode kommen.

Wer die Winterfütterung als Naturschutzmaßnahme verstehen und zum Artenerhalt unserer heimischen Vögel beitragen will, sollte sich aber für die Zukunft bevorzugt der tierfreundlichen Gartengestaltung zuwenden.

Frühjahrsfütterung

Die oftmals sehr warmen Frühjahrswochen im März und April veranlassen viele Vögel zum vorzeitigen Nestbau und Brutbeginn. Meist schlüpfen dann die ersten Jungvögel schon im April. Die um diese Zeit immer wieder herrschenden Nachtfröste und auch Schneefälle führen unweigerlich zum Tod dieser Tiere, weil ihre Vogeleltern nicht genug Insekten zur Fütterung finden, die sich bei Frost und naßkaltem Wetter ja nicht entwickeln. Um den Vogeleltern zu helfen und die Brut zu retten, ist es möglich, in einer Futterschale Mehlwürmer in die Nähe des Nestes zu stellen. Die Vögel finden diese und füttern damit erfolgreich ihre Jungen. Wichtig ist es aber dann auch, mit der Fütterung wieder aufzuhören, sobald die Wetterbedingungen besser werden und Insekten vorhanden sind, auch wenn die Vögel noch so sehr betteln. Vögel sind Wildtiere und müssen es auch bleiben, um im Naturgefüge bestehen zu können.

Im Frühjahr zeitig aufgewachte Igel sind für eine Futterspende im Garten dankbar.

Der Garten
im Jahreslauf

Januar

Es ist die Zeit, in der die Natur ruht. An vielen Wildsträuchern sind noch Beeren, die unseren Vögeln nun Nahrung bieten. Für sie ist es jetzt wichtig, daß ihnen ein Futterplatz eingerichtet und bei langanhaltendem Frost und Schneefall regelmäßig artgerechtes Futter angeboten wird. Auch können noch Jungigel auf der Suche nach Nahrung sein. Meist hilft ihnen ein regelmäßiges Futterangebot und ein Unterschlupfplatz mit Heu und Stroh, in einer Gartenecke eingerichtet.

Februar

Mancherorts kommen die ersten Schneeglöckchen hervor. Auch die Haselnußsträucher und die Weiden beginnen sich langsam zu regen. Es ist Zeit, die Nistkästen vorsichtig zu reinigen. Es könnten sich Winterschläfer wie Haselmaus oder Gartenschläfer einquartiert haben. Am besten bürstet man die leeren Nistkästen mit einer heißen Schmierseifenlösung aus. Sinnvoll ist aber auch eine Reinigung mit einer sogenannten Heißluftpistole; dies tötet mit Sicherheit alle Parasiten ab.

März

Als erste Frühlingsboten der Tierwelt zeigen sich einige Schmetterlinge, wie Zitronenfalter, Kleiner Fuchs und Tagpfauenauge. Auch die ersten Hummeln und Bienen fliegen und freuen sich, im Strahl der warmen Märzsonne Schneeglöckchen, Krokus, Veilchen und Weiden als Nahrungsquelle zu finden.
Es ist Zeit, an die tierfreundliche Gartenpflanzung zu denken. Wildsträucher und Naturhecken lassen sich jetzt in den frostfreien Boden pflanzen. Am Himmel sieht man die ersten Kraniche und Wildgänse, die zurückkehren. Ihr Wanderflug weist uns Menschen auf die Wunder der Natur hin. An vielen Straßenrändern stehen nun kilometerlange, kleine grüne Zäune. Tierfreunde haben sie aufgestellt. Ihre Schutzbemühungen gelten den Kröten, die jetzt zu ihren Laichgründen wandern und dabei dem Straßenverkehr zum Opfer fallen würden.

April

Überall herrscht nun in den Gärten emsiges Treiben. Auch die unseligen Rasenmäher kommen wieder zum Einsatz. Wo eben noch die schönste Veilchenwiese war, steht nun der geleckte Rasen. Die ersten Igel werden wach, und es ist für sie zu hoffen, daß der Winter nicht noch einmal mit Schnee und Kälte hereinbricht. Die Amseln und Meisen beginnen mit ihrem Nestbau. Auch in den Gärtnereien werden nun bereits viele Blumen und Pflanzen angeboten. Aber Vorsicht: Noch immer droht Frostgefahr!

Mai

In den Nistkästen sind die ersten Jungvögel schon seit einigen Tagen geschlüpft. Für die Vogeleltern bedeutet dies eine emsige Jagd nach Insekten. Vorsicht bei der Gartenarbeit, damit die Tiere nicht unnötig gestört werden! Jetzt blühen die Kirschbäume, und auch die Apfelblüte beginnt sich zu regen. Am Boden sieht man die Hummelköniginnen fliegen. Sie sind auf der Suche nach Erd- und Mauerlöchern für ihren Nestbau. Es ist Zeit, an die Anlage eines Gartenteiches zu denken. Auch sollte nun die Blumenwiese für die Schmetterlinge und alle anderen Insekten ausgesät werden. Wichtig ist eine richtige Bodenvorbereitung. Wer Glück hat, bei dem baut nun die Schwalbe ihr Nest – eben ist sie aus Afrika zurückgekehrt.

Juni

Im Garten blüht nun der Holunder, worüber sich viele Insekten freuen. Auch reifen die ersten Kirschen, und es zeigt sich, ob der Frost im April die Ernte geschmälert hat. In ihren Bodenverstecken bringen die Igel nun ihre Jungen zur Welt. Jetzt darf kein Reisig mehr verbrannt und auch kein Komposthaufen mehr umgesetzt werden. Wer jetzt noch keinen Vogelbeerbaum gepflanzt hat, muß leider bis zum Herbst warten. Dafür ist es aber Zeit, sich eine Kräuterspirale anzulegen.

Juli

Auf den Wiesen blühen nun die schönsten Wildblumen – wichtig für die Schmetterlinge, die unterwegs sind auf Nahrungssuche. Es ist Zeit, die Blumenwiese im Garten zu mähen, damit andere Pflanzen nachwachsen können. Überall in der Natur sind jetzt Jungtiere unterwegs. Deshalb sollten jetzt auch keine Hecken mehr geschnitten werden.

August

Die ersten Äpfel werden reif und lassen uns bewußt werden, wie kurz der Sommer in all seiner Pracht doch ist. Wegen der großen Hitze um diese Zeit sollten wir an die Vögel denken. Sie freuen sich über eine Vogeltränke, die wir zum Trinken und Baden aufstellen.

Im Garten brauchen wir eventuell ein neues, größeres Kompostgestell. Wichtig ist es, abends unsere Neuanpflanzungen aus dem Frühjahr zu gießen.

September

Nun reifen viele Gartenfrüchte, und Mensch und Tier freuen sich darüber. Die Igel bekommen immer noch Nachwuchs; hilfreich für deren Jungen ist es, einen Apfel oder eine Birne liegen zu lassen, denn auch ihnen schmeckt dieses Obst. Es ist Zeit, viele nützliche Stauden zu pflanzen. Leider fliegen die Schwalben nun mit ihren Jungen in den Süden zurück. Ob sie die Gefahren überstehen und nächstes Jahr zu uns zurückkehren?

Oktober

Wir können nun die Nüsse von unserem Haselnußstrauch ernten. Einige lassen wir aber für die Mäuse liegen. Auch sollten wir wieder an all die Sträucher denken, die wir pflanzen wollten; die Gelegenheit dazu ist günstig. Disteln und andere Stauden lassen wir auf der Wiese stehen. Im Winter finden die Vögel hier ihre Nahrung. Heckenschnitt und Reisig lassen sich jetzt gut als Unterschlupf für Tiere in einer Gartenecke aufschichten. Auf den Herbstastern treffen wir jetzt noch einen Admiral.

November

Unser Garten zeigt sich nun in bunten Farben. Die Natur bereitet sich auf ihre Winterruhe vor, und unsere Tiere merken dies. Die meisten Vögel sind schon auf und davon in den Süden. An unseren Wildsträuchern hängen dafür jetzt viele Beeren für die Vögel, die bei uns

überwintern. Die Igel beginnen mit ihrem Winterschlaf, und im Garten sollten die empfindlichen Pflanzen gegen die drohenden Nachtfröste abgedeckt werden.

Dezember

Wir Menschen haben jetzt die Früchte unserer Gartenarbeit geerntet. Im Keller lagert das Obst und in den Gläsern eingemacht der Lohn vieler Mühe und Arbeit. Wir wissen, daß die Früchte unserer Marmelade frei von Giften und Pflanzenschutzmitteln sind, und auch wenn unsere Äpfel ein wenig Schorf zeigen – alles ist natürlich gewachsen. Wir haben ein Gartenjahr hinter uns gebracht, in dem Bewußtsein, die Schöpfung geachtet zu haben; und unser Garten war Lebensraum für uns und alle darin lebenden Kreaturen.

Bei dieser Gartengestaltung kommt die Natur nicht zu kurz.

Anhang

Beispielhafte Naturschutzaktionen

Obwohl wir in Deutschland sehr beispielhafte Naturschutzgesetze haben, schreitet die Zerstörung unserer Natur, der Pflanzen- und Tierwelt, immer weiter voran. Es hat sich gezeigt, daß die besten Gesetze nutzlos sind, wenn sie nicht sinnvoll angewendet werden. So kommt es denn, daß heute noch in ausgewiesenen Naturschutzgebieten, wie im Nationalpark Wattenmeer in Schleswig-Holstein, die Jagd auf bedrohte Tierarten erlaubt und durchgeführt wird. Hier werden die Interessen Einzelner über die der Umwelt gesetzt. Ein weiteres Beispiel ist der alljährliche Fang von mehr als 500 000 Singvögeln der bedrohten Arten, die immer noch entgegen EG-Verbot an der deutsch-belgischen Grenze durchgeführt werden. Unsere Behörden sehen diesem Geschehen teilweise tatenlos zu.

Daß uns das Sterben der Natur in den letzten Jahren sehr bewußt vor Augen geführt wurde und vielfach nun etwas dagegen unternommen wird, ist im Grunde den privaten Naturschutzorganisationen und vielen privaten Initiativen zu verdanken. Wenn wir Menschen den Schutz und Erhalt unserer Umwelt wirklich wollen, dann ist es wichtig, selbst aktiv zu werden und bestehende Naturschutzorganisationen zu unterstützen. Nachfolgend drei Beispiele vorbildlicher Aktionen.

LASST UNS DIE FREIHEIT!

SCHUTZAKTIONEN GEGEN VOGELMORD
Komitee gegen den Vogelmord / Aktionsgemeinschaft Natur- und Lebenschutz, Neuer Wall 26, 2000 Hamburg 36

Seit vielen Jahren veranstaltet das Komitee gegen den Vogelmord jeweils im Herbst an der belgischen Grenze eine große Protestdemonstration, deren Zug auch durch Belgien führt. Grund ist der immer noch im Gebiet Wallonien/Flamen von der Regionalregierung genehmigte Vogelfang, der von September bis Mai durchgeführt wird. Trotz EG-Verbot werden immer noch bei uns schon teilweise in ihrem Bestand bedrohte Vögel wie Stieglitz, Rotkehlchen, Dompfaff, Zeisig und viele andere gefangen. Es hat sich gezeigt, daß eine regelrechte Wilderei im Gange ist, die weit über die genehmigten Fangquoten hinausgehen. Die Lebensdauer der gefangenen Vögel ist meist nur sehr kurz, weil sie am Verlust ihrer Freiheit sehr schnell zugrunde gehen. Viele sterben an Streß oder den Verletzungen, die

sie sich in den Fangnetzen oder Schlagfallen zugezogen haben. Ein großer Verdienst des Hamburger Vereines, der auch in vielen Orten Deutschlands vertreten ist, stellen seine Aufklärungsaktionen mit sehr gutem Informationsmaterial dar. Darüber hinaus kauft der Verein Feucht- und Waldgebiete auf und richtet sie als Naturschutzreservate für heimische Vögel wie den selten gewordenen Eisvogel her. Wer sich am Protest gegen den Vogelmord an der deutsch/belgischen Grenze beteiligen will, erfährt beim Komitee in Hamburg die alljährlichen Termine. In den letzten Jahren fährt immer eine Polizeieskorte mit, um Konfrontationen mit den Vogelfängern zu unterbinden.

Deutsche Umwelthilfe

Jugend erlebt Natur

NATURAUFKLÄRUNG
Deutsche Umwelthilfe e.V., Bundesgeschäftsstelle, Güttinger Straße 19, 7760 Radolfzell

In dem Bewußtsein, daß viele Kinder noch nie einen Maikäfer gesehen haben und viele unserer einheimischen Tiere nicht mehr kennen, hat sich diese Organisation die Aufklärung auf Bundesebene für Belange von Natur und Umwelt zur Aufgabe gemacht. Dies beinhaltet auch die überörtliche finanzielle Förderung von Vereinen und Gemeinden bei der Schaffung von Naturschutzprojekten sowie Aktionen wie die in Zusammenarbeit mit dem BUND und DBV durchgeführte »Rettet die Vogelwelt«. Zum Kuratorium dieses Vereins, dessen Bundesgeschäftsführer Jürgen Resch ist, gehören Persönlichkeiten wie Anneliese Rothenberger und Heinz Sielmann. Bemerkenswert sind die Informationsblätter, die der Verein gegen ein geringes Entgelt alljährlich sechs Mal herausgibt. Sie sind besonders für Schulen und Jugendarbeit zu empfehlen, aber auch für den natur- und umweltbegeisterten Erwachsenen.

naten vielfach verwaiste und hilflose Igel in unseren Gärten einfinden. In Städten wie Berlin, Hannover und München haben sich deshalb Organisationen gebildet, deren Zielsetzung der Schutz und Erhalt des Wildtieres Igel ist. Die Arbeit dieser Vereine besteht einmal in der Führung von Pflegestationen für kranke und verletzte Igel, zum anderen aber auch in Aufklärungsarbeit an Schulen und in der Bevölkerung. Wer sich für die Schutzarbeit für Igel interessiert, kann sich an obengenannte Adresse wenden, wo man sich über aktive Mitarbeit freut und Anschriften von Vereinen oder Schutzstationen in Ihrer Nähe mitteilt.

IGELSCHUTZ
igsi/Elfriede Raasch,
Gieselherrweg 31, 3000 Hannover 91

Kaum ein Wildtier ist in den letzten Jahren so sehr in den Blick der Öffentlichkeit gerückt wie der Igel. Erst einmal durch seinen vieltausendfachen Tod, der ihn auf unseren Straßen ereilt, aber auch wenn sich in den Herbst- und Wintermo-

Naturschutz-organisationen

Arbeitskreis Igelschutz e.V., Fasanenstraße 69, 1000 Berlin 15

Bundesverband Tierschutz Dr. Boschheidgen-Straße 20, 4130 Moers 1

Bund für Umwelt- und Naturschutz Deutschland, Im Rheingarten 7, 5300 Bonn

Naturschutzbund/Deutscher Bund für Vogelschutz (DBV), Am Hofgarten 4, 5300 Bonn 1

Deutscher Tierschutzbund e.V., Baumschulallee 15, 5300 Bonn 1

Greenpeace e.V., Vorsetzen 53, 2000 Hamburg 11

Luxemburger Tierschutzliga 33, rue Adolphe, L-1116 Luxemburg

Pro Tier, Schweizerische Gesellschaft für Tierschutz, Alfred-Escher-Straße 76, CH-8002 Zürich

Schweizerischer Bund für Naturschutz, Postfach 73, CH-4020 Basel

Pro Igel, Verein für integrierten Naturschutz, Postfach 200, CH-8910 Affoltern a/A

Umweltstiftung WWF Deutschland, Sophienstraße 44, 6000 Frankfurt 90

Zoologische Gesellschaft von 1858 e.V., Alfred-Brehm-Platz 16, 6000 Frankfurt/Main 1

Naturgärten

In vielen Städten und Gemeinden befinden sich heute Naturgärten, die der Öffentlichkeit zugänglich sind. Hier kann man sich praxisnah über eine tierfreundliche Gartengestaltung informieren. Auch die Bundes- sowie Landesgartenschauen der letzten Jahre haben dies zum Thema genommen.

Bezugsquellen

Es bietet sich heute dem Tier- und Naturfreund eine große Fülle von Produkten, die ihm bei seiner Naturschutzarbeit und der tierfreundlichen Gartengestaltung hilft. Aufgrund guter Erfahrungen von Tierschutz- und Naturschutzorganisationen sind hier aus der Vielzahl von Anbietern die Adressen einiger Firmen aufgeführt, die gerne mit Informationen zur Verfügung stehen:

Vitakraft-Werke
Postfach 45 01 55, 2800 Bremen 45
(Gartenteichbedarf, Tierfutter, Tierhygiene)

Schwegler Vogelschutzgeräte GmbH, Heinkelstraße 35, 7060 Schorndorf
(Holzbeton-Nisthöhlen für Vögel, Fledermäuse; Hummelnistkästen, Igelkuppeln, Insektennisthölzer, Amphibienschutzzäune)

Conrad Appel KG
Postfach 4120, 6100 Darmstadt
(Pflanzen und Wildsamen)

Kayser & Seibert
Wilhelm-Leuschner-Straße 83, 6101 Roßdorf 1
(Wildsamen und Pflanzenstauden)

Naturwuchs GmbH
Kleinhadener Weg 1
8032 Gräfelfing
(Einheimische Sträucher)

Berggarten Lau, Lindenweg 17, 7881 Großherrischwand
(Wildblumenversand)

Carl Sperling KG,
2120 Lüneburg
(Samen für Schmetterlingswiesen)

Literatur

Aichele/Schwegler: Tier- und Pflanzenführer, Kosmos Verlag, Stuttgart
Blab u. Nowak: Zehn Jahre Rote Liste, Kilda Verlag, Grewen
Blab, J. u. Co.: Aktion Schmetterling, Otto Maier Verlag, Ravensburg
Bundesartenschutzverordnung: Bundesgesetzblatt 1986
Bundesnaturschutzgesetz: Bundesgesetzblatt 1987
Chinery, M.: Naturschutz beginnt im Garten, Otto Maier Verlag, Ravensburg
Dahl, J.: Wildpflanzen im Garten, Gräfe & Unzer Verlag, München
Frickhinger, K.A.: Der neue Gartenteich, Tetra Verlag, Melle
Fritsche, H.: Tiere im Garten, Kosmos Verlag, Stuttgart
Gabriel, I.: Biologisch und giftfrei Gärtnern, Buch und Zeit Verlag, Köln
Godet, J.: Pflanzen Europas, Mosaik Verlag, München
Godet, J.: Bäume und Sträucher, Weltbild Verlag, Augsburg
Hamms, P.: Das Tier in der Dichtung der Welt, Bertelsmann Verlag, Gütersloh
Hagen, E. von: Naturführer Hummeln, Natur Verlag, Augsburg
Hülbüsch/Rottmüller: Nachbarrecht, Deutscher Fachschriften-Verlag, Wiesbaden
Jantra, H.: Gartenbuch, Falken Verlag, Niedernhausen
Jorek, N.: Leben im Naturgarten, Falken Verlag, Niedernhausen
Kaub, R.: Der liebe Nachbar, BLV Verlag, München
Lippert/Podlech: Blumen, Gräfe & Unzer Verlag, München
Naturschutzhandbuch: Ministerium für Umwelt Rh.-Pfalz, Mainz
Naturschutz und Landschaftspflege: Ministerium für Umwelt Rh.-Pfalz, Mainz
Niemeyer-Lüllwitz, A.: Arbeitsbuch Naturgarten, Otto Maier Verlag, Ravensburg
Roger, P.: Das Kosmosbuch der Bäume, Kosmos Verlag, Stuttgart
Rote Liste: Ministerium für Umwelt Saarland, Saarbrücken
Rote Liste der gefährdeten Tiere und Pflanzen, Kilda Verlag, Grewen
Stadelmann, P.: Gartenteich, Gräfe & Unzer Verlag, München
Schauer/Caspary: Pflanzenführer, BLV Verlag, München
Schretzmayer, M.: Heimische Bäume und Sträucher, Enke Verlag, Stuttgart
Umwelt 90: Ministerium für Umwelt, Bonn
Vester, F.: Wasser ist Leben, Otto Maier Verlag, Ravensburg
Witt, R.: Wildsträucher in Natur und Garten, Kosmos Verlag, Stuttgart
Winkler, A.: Das praktische Igel-ABC, Albert Müller Verlag, Rüschlikon
Winkler/Grzimek: Tierschutz in Haus und Garten, Otto Maier Verlag, Ravensburg
Würmli, M: Natur-Experimente in Haus und Garten, Südwest Verlag, München

Zeitschriften
Kraut & Rüben
Das Tier

Register